“掙脫瞎忙的鳥日子”

TAKING TIME TO REFLECT ON YOUR LIFE JOURNEY

專業心理諮商師
何筱韻 / 著

序／忙碌偷走了你的人生

你打開自己的日程表，看見上面排得滿滿當當，似乎每一分每一秒都有做不完的事。但是你無怨無尤，因為你知道現在的一切努力，都是為了你心中那安居樂業的理想。

這麼一想，很久沒享受過假期又如何，總像個陀螺周旋在事與事之間又如何？畢竟，付出與收穫本就是等價的關係，這世上誰毋須為自己的理想犧牲，只要能得到心之所嚮，就算累一點又有什麼關係，對吧？

然而，你發現周遭出現了一種詭異的現象。

為什麼你日日加班，績效卻遠比不上隔壁那個準時下班的同事；為什麼你拚盡全力地完成長官交付的任務，卻換不來他的一句誇讚？你不信邪，於是就更加努力，傾盡自己所有的力氣，那顆拋頭顱灑熱血的心簡直可說是感天動地。

結果，感動了自己，卻感動不了旁人。

你越來越挫折，庸庸碌碌地過日子，久而久之，理想什麼的，早已顧不上了。

為什麼會這樣？因為你努力的方式錯了，在旁人的眼中，你不過是在浪費自己的力氣，做一些徒勞無功之事。這是一個講求成果的時代，如果你交出的成績單不漂亮，過程中付出再多的努力，對旁人來說也無關緊要。

在我們的身邊，有不少人因為長期忙碌而失去了健康，不僅是生理上的，還包括心理上的。即便付出那麼多，上司還是看不到，報酬還是那麼少，家人也不理解。於是，他們開始無止境地抱怨，抱怨上司有眼無珠，抱怨同事不配合，抱怨孩子不聽話，抱怨婚姻生活不幸福。

我們也看到另一種人，他們活得很悠閒，不但有時間料理豐富營養的早餐，還能在下班後慢跑；他們從不把工作帶回家；他們永遠帶著微笑，似乎從沒有什麼壓力；到了休息時間，他們從不「戀戰」於工作；面對棘手與繁瑣的工作，他們總能將一切處理得井井有條。他們深受主管器重、下屬青睞，而且懂得享受生活。

比較下來，相信任何人都希望成為第二種人，避免成為第一種總是在瞎忙的人。這就涉及時間管理的問題。所謂時間管理，就是用技巧、技術和工具幫助人們在時間限期內完成工作，實現目標。

翻開這本書，你將發現在有限的時間內遊刃有餘地駕馭生活絕非傳說。熟讀這本書，你會發現猶如掌握了一把能從容應對每一天的「金鑰匙」，從而讓你告別那種幾乎令你崩潰、時常質疑人生的日子。

何筱韻　謹識

目錄 CONTENTS

第1部 為什麼你的付出只是在白費力氣？

第2部 制定計劃！忙得有條有理，忙得游刃有餘

第3部 事半功倍！時間管理的實用工具

第4部 減少浪費！利用自我優勢找到更多的時間

stop crying your heart out.

第5部 日常小貼士！讓你活得充實又從容

不瞎忙 Test

自我檢測，為什麼你總是忙得焦頭爛額？

你是不是有做不完的事？常常在想：「要是明天不用上班，睡到自然醒該有多好！」如果出現了以上這種症狀，代表你人生的某個環節出了錯，導致你早上沒有勇氣起床，午夜捨不得結束一天。請回答下列問題，揪出害你厭棄人生的源頭所在！【計分方式：「從不／偶爾」得0分，「有時候」得1分，「家常便飯」得2分。】

問題	從不／偶爾	有時候	家常便飯
Q1 沒有將待辦的事列成清單的習慣，所以總會忘記其中幾件事。	0	1	2
Q2 會制定短期、中期和長期的人生計畫。	0	1	2
Q3 天有不測風雲，常常接到新的任務，日程表卻沒有預留時間。	0	1	2
Q4 做一件事前，不會估計它需耗費的時間，鮮少想過付出的精力是否值得。	0	1	2

Q5
接到多項任務時，不清楚每項任務個別的重要性。
▼

Q6
苛求完美，常在「枝微末節」上耗費很多時間。
▼

Q7
老好人，即使很忙，別人有求於你，也會一口答應。
▼

Q8
臉書／推特／LINE等社群網站成癮，時不時就會刷新。
▼

Q9
幾分鐘就要檢查電子郵箱，如果沒有新郵件會感到焦慮。
▼

Q10
任務或者功課常拖到最後一刻完成，有時候需要延長截止日期或者放棄它。
▼

Q11
截止日期快到的時候會焦慮緊張。
▼

Q11	Q10	Q9	Q8	Q7	Q6	Q5
0	0	0	0	0	0	0
1	1	1	1	1	1	1
2	2	2	2	2	2	2

問題

Q12 常常加班到很晚，或者把工作、功課帶回家裡完成。

Q13 常常熬夜，白天做正事時難以集中精神，易感煩躁疲倦。

Q14 做事時常左右開弓，但每件事都做得馬馬虎虎。

Q15 事必躬親，很難放心把事交給別人做。

Q16 應變能力比大家慢一拍。

Q17 覺得家庭和事業忙不過來，顧此失彼。

	Q12	Q13	Q14	Q15	Q16	Q17
從不／偶爾	0	0	0	0	0	0
有時候	1	1	1	1	1	1
家常便飯	2	2	2	2	2	2

得分結果分析：

0－11分 你做事的效率相當高，就算面臨突如其來的任務，也能遊刃有餘。除此之外，你非常擅長以最少的精力換取最高的報酬，懂得「聰明地做事」。雖然你已經這麼棒了，也已經擁有自己短期、中期與長期的人生目標，但仍可以錦上添花，進一步學習如何設定「更適合你」的人生計畫，做能夠讓自己感到更快樂的事。

12－22分 你平日裡可以輕鬆地掌握生活的節奏，做事也充滿朝氣。然而，一旦工作上或學習方面有突發狀況，你就會驚慌失措，導致無法發揮自己最佳的能力。結果這一時的亂了手腳，害你後續產生逃避的念頭，需要藉由大吃大喝與購物來抒發壓力。如果你臨時接到新的任務，必須同時處理多件事情，那麼釐清它們的輕重緩急就變得相當重要。此時，你要選擇性地抓住重點，重新分配自己的時間和精力，才不會落得辛辛苦苦地忙完所有事，卻不一定能得到主管表揚的下場。

23分以上 你需要改進自己的做事之道了！學習合理地利用時間是你的首要任務。我們都知道「產出＝時間×效率」，在同樣的時間限制之下，提高效率可以讓你更快、更好地完成更多事。有許多方法可以提高你做事的效率，其中一種就是降低周遭對你的干擾程度，排除那些會讓你分心的事情。除了解決外力因素之外，你還要堅定自己的意志，抵抗社群網站帶來的誘惑。如此一來，你就能擺脫「火燒屁股」的常態以及拖延症帶來的愧疚感和焦慮不安。

恭喜你，對自己的現狀更進一步的了解。如果你已經準備好了，那麼就趕緊翻開第一章，重新校正自己對時間管理的認知，解開「只要努力就一定會得到等價收穫」的迷思，展開這段充滿挑戰的歷程。出發吧！

第1部

為什麼你的付出只是在白費力氣？

當你的人生理想始終像鏡中的花，水中的月，
就是時候改變自己的思維方式，找出盲點：
不是因為你不夠努力，是你誤會了努力的定義。

〔01〕

有一種生物只會窮忙

時間不會改變我們，只會顯示出自己更真實的一面。
——馬克思．弗里施

每一天，城市裡車水馬龍、人群匆匆彙集成一股股急湧的潮流，擁塞在繁華街道中間，就像海洋裡聚集的沙丁魚群。當今時代，以「族」命名的生活形態登上了各大雜誌新詞彙，「人以群分」成了對當今都市人群最好的詮釋。家與公司合二為一的SOHO族、為買心情而買東西的「燒包族」，還有一群錢少事多的「窮忙族」。

窮忙族（working poor）一詞最早是從歐洲興起的，最開始的意思是指那些薪水不多，整日奔波勞碌，卻始終無法擺脫最低水準生活的一群人。後來，窮忙族的定義進一步明確，專指「每週工作時間高於社會平均工作時間，收入低於全體平均標準百分之六十以下的人群」。

如今隨著處於窮忙狀態的人數越來越多，窮忙族定義所涵蓋的範圍已經越來越廣了，不再單單指因薪水少而窮忙的人，那些為了填補空虛生活而大肆花費，為了高開銷而重返忙碌的窮忙人群，也被認為是窮忙一族。也就是說，窮忙族不一定就是指失業者或者低收入在職者，也可能是身兼數職的高薪白領或者是全職的高薪受雇者。這些人有的是為了養家餬口，有的是為了愛慕虛榮、滿足消費的欲望，犧牲了提升自我的進修，甚至身體健康。

你是窮忙一族嗎？

無論是工作日，還是週末休息時間，我們都可以看到大城市的馬路上如螞蟻般密密麻麻的上班族忙碌穿梭的身影；我們還可以看到每天清晨，大街小巷的早餐店裡坐滿了行色匆匆的上班族，一個雞蛋、一根油條、一碗豆漿，似乎色味俱全了；還有捷運站或公車站擠滿的各行各業上班族，雖然衣冠楚楚，打扮得很是得體，但個個都無精打采，神情呆滯，面帶倦容，似乎正在忙著盤算一天裡將要做的工作；還有下午五六點鐘，在繁華的馬路交叉口，人們如同海洋裡突然出現的巨大魚群，匯聚成往前疾走的都市人潮；晚上八九點鐘，辦公大樓仍在工作的職場白領大有人在，對於這些上班族來說，加班似乎早已成為習以為常的事情。

這些人幾乎每天都在忙於上班、工作、下班，像陀螺一樣旋轉不停。

「最近怎樣？」

親朋好友見了面這樣問候，打電話時也會這樣問候，LINE 群組聊天還是這樣問候。與那個吃不飽飯的年代「吃了嗎」這句見面寒暄相比，似乎多了些緊張忙碌與冷漠隔閡。

「忙得很吶。」

這在以前可能是一句客套話，但現在卻成了很多人的真實寫照。

無頭緒地忙，不自覺地忙，沒必要地忙，不得不忙地忙……忙碌似乎成為了人們的一種生活形態，在這個物欲橫流的時代，要勸人閒下來，似乎是誤人前途，似乎不忙就是異類，就不屬常態。這就是都市「窮忙族」生存狀態和心理狀態的真實寫照。

有調查顯示，百分之六十點九的窮忙族自己認為，忙碌的首要原因是社會壓力過大，競爭激烈。其後原因依次是：缺少合理的人生和職業規劃；起點太低、機會太少；太急於求成、反而容易受挫；盲從、隨主流；缺乏耐心。但不管是什麼原因，在這個物價上漲、壓力指數飆升、情感缺失、能源緊缺的時代，一切的「窮忙」，最後都會被歸結為時間與錢的矛盾。

有專家學者指出，窮是技術性的，忙是社會性的，窮忙是世界性的。窮忙族異軍突起，除了以上提及的各種原因之外，更是一種不可忽視的社會問題。舉例來說，相較於過去，「關係網」在人們的工作和生活中更是舉足輕重，使人們不得不花力氣、花時間、花金錢去經營各級關係，以至於常常有「人在江湖，身不由己」的感慨。

在生活中，不知道你有沒有過這種狀況：只要開始上班就覺得自己一直處於忙碌之中，手邊有很多事情需要處理，連上廁所、喝杯水都顧不上，然後還要經常犧牲休息日來自願加班工作。但是，你投入了這麼多的時間和精力，卻沒有得到任何額外的收入，更不用說升遷晉級了。

有很多人已經陷入「窮忙族」這個有點悲劇的族群而不自知，你不妨測試一下自己是不是「窮忙族」。

（　）一周工作超過五十四個小時，但是看不到前途？

（　）一年內未曾加薪？

（　）三年內未曾升職？

（　）薪水很低，到月底總是很艱難？

（　）積蓄少，無力置產？

（　）薪水不低，但花錢很大手筆？

（　）收入不低，但內心沒有安全感？

（　）忙得團團轉，一停下來就有罪惡感？

（　）白天工作，晚上回到家還得工作？

（　）老是計畫將來要幹一番事業，但總是忙不完手裡的事情？

以上十項，如果你有三項或者三項以上打勾，那麼你就屬於窮忙族了。如果你很不幸地位列窮忙族之中，又不及時調整，你將陷入「越窮越忙，越忙越窮」的無底深淵。

忙碌並不代表你做的事就多

你覺得自己很忙，很用心地在工作，每天提早上班，推遲下班，埋頭苦幹，任勞任怨，有的連週末都不休息，這樣勤勞地付出卻沒有看到對等的回報。別說當事人，就連旁人也納悶，不禁想問為什麼會這樣呢？

有這樣一個富有深意的故事：

一位伐木工人在一家木材廠找到了一份薪水很不錯的工作，試用期為一個月，這位工人對這份工作很是滿意，於是下決心一定把工作做好。

上班第一天，老闆給了他一把利斧，並交代他一天砍十五棵樹的任務。這位工人很賣力，這一天砍了十八棵樹，老闆對他的工作大加讚賞：「幹得不錯，一直這樣幹下去的話，月底給你多發一點獎金。」

工人聽了很高興。第二天，他幹得更加賣力了，但是不知怎麼的，這天他只完成十五棵的工作量，於是發誓明天一定要更努力，多砍幾棵樹。第三天，他比前兩天更賣力了，但是結果卻讓他很失望，一天下來僅僅砍了十棵樹，沒有完成工作量，想加班，但是已經沒有力氣了。

工人很擔心被炒魷魚，就跑到老闆那道歉，說自己明明已經很努力了，但是不知為什麼樹卻越砍越少。老闆關心地問他：「你上一次磨斧頭是什麼時候？」「磨斧頭？」工人聽了很是詫異，「我天天忙著砍樹，哪有工夫磨斧頭？」

這個故事中的伐木工人身上有著很多只知埋頭苦幹的員工的身影，但是他們卻還沒有伐木工人的覺悟，因為至少伐木工人還會向他的老闆請教是怎麼回事。孔子說：「工欲善其事，必先利其器。」當你每天都很忙，卻老是忙而無功；當你感覺付出很多，得到的卻只是老闆的責罵；當你沒有一刻空閒，等到總結的時候卻說不出所完成的成果；當你身心疲憊，但卻是一無所獲時，那麼，你可能不是工作不努力，而是工作效率存在著問題。

如今的職場競爭越來越激烈，忙碌成為了一種正常現象，但是有些人的忙只是一種慣性，每天腳不離地地忙著，甚至超時工作，卻不知忙些什麼，看不到效果，也看不到希望。

曾經有一家大型企業的總經理這樣要求他的員工：「我們的工作，並不是要你去拼體力，而是需要你聰明的工作。」確實是這樣，在日益激烈的現代市場競爭中，一名優秀的員工絕不是那種只知勤勤懇懇、循規蹈矩工作的人，而是能夠在工作中不斷發揮聰明才智的人。無論是現在還是將來，我們很難靠一味苦幹來取得終身受雇的機會，但卻可以靠才智找到長期飯碗。當你不斷發揮你的才智以適應不斷變化的需求時，你就一定能輕鬆地勝任一般人勝任不了的工作職位。

相同的工作內容，有的員工費了九牛二虎之力才得以完成，而且效果不理想，而有的員工卻可以十分輕鬆地完成，取得了事半功倍的效果。這除了不懂得安排時間之外，更主要的是不注重工作的效率。如今生產生活節奏加快的時代是凡事都講求效率的時代，巧幹升值的時代。巧幹是每個正常人所具有的自然屬性與內在潛能，是敏銳機智、靈活精明的反映；是分析判斷、解決問題的能力；也是充滿活力、最具生產力的寶貴財富。

可以這樣說，一個人沒有金錢並不可怕；沒有地位也並不可悲；只有不注重效率的一味蠻幹才是人生最大的缺憾。所以，當你的回報遠遠不及你的付出時，你就要靜下來問一問自己，有沒有一種更輕鬆、更快捷、更簡單的方法，找到了這種方法，你才會擺脫整夜勞作的辛苦局面。

有效的「忙」應該是在特定的時段中朝著特定的目標進行連續不斷努力的生存狀態。忙碌可以使我們的生活充實，讓我們回憶起來覺得對得起自己的時間。但如果是碌碌無為，忙得不可開交，忙得沒有了效率，到頭來一無所獲，那就太可怕了。

〔02〕杜絕負面能量 合理分配你的精力

對現狀感到不滿，不但浪費你的精力，更是一種最壞的習慣。
——戴爾．卡內基

我常常聽到身邊的人抱怨道：

「唉，工作太累，天天都有做不完的事，連喘口氣的機會都沒有。」

「看看我們辦公室的那群人，素質真差。」

「我老公只知道賺錢，連結婚紀念日都忘記了。」

「我怎麼就生了這麼笨的一個兒子，好像從來不用腦子。」

……

抱怨就像瘟疫一樣在人們周圍蔓延，愈演愈烈。在這些人看來，他們似乎從沒有遇到順心的事，無論何時，你都能聽到他們抱怨的聲音。他們不僅陷自己於時時煩躁的境地，也為旁人帶來龐大的負面能量與不安感，消耗旁人的時間與精力。

負面能量的傳播除了是一種不健康的發洩之外，它並無法解決任何問題，反而只會害你在人生的旅途上不斷地兜圈子，平白浪費時間。反之，如果你能夠心平氣和地正視眼前的問題，理清自己的思緒，那麼，找到方法解決問題的機率便會大大提高。

遠離負能量吸血鬼

有句話講得好，如果一個人想抱怨，生活中的一切都會成為他抱怨的對象；如果不抱怨，生活中的一切都不會讓他興起抱怨的欲望。

抱怨是我們對某件事物感到不滿意而生的產物，但我們都知道，世界上其實並沒有一種令人百分之百滿意的生活或者工作模式。所以，與其放任自己動不動就開口抱怨，不如將這份「不滿意」化為一種「積極的心態」去解決問題，使它盡量貼近自己想要的生活與工作模式。

小李大學學測落榜後，到一家汽車修理廠當學徒，從他上班的第一天開始，他就對自己的工作充滿了不滿。他總是心想：「這工作太髒了，瞧瞧我身上弄的。我簡直討厭死這份工作了！」

日復一日，小李都在煎熬和痛苦中度過，但他又害怕失去這份工作，於是，只要師傅不在，他就會偷懶，虛應了事。幾年過去了，與小李同時期進修理廠的三名學徒各自憑著自己的手藝，或另謀高就，或進大學進修，唯獨小李，仍舊在抱怨聲中做他自己厭惡的工作。

可見，無論做什麼事，想要取得成績，就必須要拿出全部的熱情。如果我們也像小李那樣鄙視自己現階段的工作，對它投注冷淡的目光，那麼，即使我們正在從事的是最不平凡的工作，我們也不會有所成就。

不僅是抱怨而已，日常生活中還有很多容易令人忽略人事物會為我們帶來負面能量，吸食我們的精力，害我們對生活感到倦怠，進而影響行事的效率。例如：八卦、垃圾訊息、社群網站、時時需要清倒「情緒垃圾」的人等等。

你是不是有遇過以下這樣的情況：常常將「忙」字掛在嘴上，但是旁人問你在忙什麼，你好像又說不出個所以然？

現在仔細回想你的一天。手機的鬧鐘響起，吵得你不得不關掉它，賴床了十分鐘之後，才心不甘情不願地掙扎起床。盥洗完畢之後，時間所剩不多，你連早餐都來不及吃，匆匆忙忙地出門搭車。在大眾交通運輸上，你一邊吃超商買的早餐，一邊低頭滑手機，瀏覽諸如臉書、推特以及 instagram 等各大社群網站，閱讀無數個未讀訊息。

這些資訊可能是公眾人物的花邊新聞、嘩眾取寵的罐頭文章、朋友之間無意義的閒聊以及人們瘋傳的垃圾圖文。尤其是新聞媒體，為了吸引你的目光，滿足讀者的重口味，經常採用聳動誇大的負面標題，促使讀者日日追蹤關注。於是，你的時間不知不覺中蒸發了，心也逐漸變得陰暗。

你下班回到家後，一邊吃晚餐，一邊看電視連續劇。不顧疲勞的眼睛，睡前繼續在黑暗之中拿著手機玩，因為實在不甘心就這麼結束這一天，於是遲遲不肯入睡。結果，隔天早上果然又起晚了。這便是由負能量造成的惡性循環，表面上看起來忙到很憔悴，但實際上有多少精力是耗費在瑣碎且不重要的事情之上，得到的不過是虛幻的自我安慰。

Changing Know-How

你該如何趕走負能量吸血鬼？

1 嚴格篩選資訊的攝取量

人類對外界資訊會產生一定的好奇心，以避免與世界脫節，所以看點花邊新聞也無可厚非。然而建議你限制自己瀏覽花邊新聞的時間，不可沉溺其中。真的無法自拔時，不妨問問自己：「即便這些人發生了這些事，又與我有何切身關係？」最後，吸納資訊時，應停下來思考它的真實性，不可一味接收，失去自我的判斷力。

2 以實際的行動關注朋友，而非訂閱追蹤

人們在社群網站上塑造的出來的形象多是虛幻不實的。而且許多人會仗著虛擬世界的保護，肆意發言，易造成不必要的衝突與誤會。所以，與其追蹤親朋好友今天吃了哪家有名的餐廳、喝了星巴克、抱怨公司、曝曬愛侶的照片，不妨約對方出來見面聚餐，深度交流彼此的生活，就某

個議題分享自己的見解，增加自己的社交力與拓展思維。

3 另設專門收取廣告郵件的電子信箱

喜歡在網路上購物的人，電子郵件信箱常常會被商家的促銷電子報轟炸，讓人忽略夾雜在其中的重要郵件，或是必須花雙倍的時間來尋找這些郵件。但若是要取消訂閱電子報，可能會錯失一些很優惠的折扣。此時，不妨另外開設一個「分身」，專門收取商家電子報，一開始就做好分門別類，屆時查閱信箱時就能一目瞭然。

有「世界第一夫人」之稱的愛蓮娜・羅斯福（Eleanor Roosevelt）曾說：「偉人談論思想，平凡人討論事件，小人最愛八卦。」那麼你呢？你的一天花了多少時間在抱怨、八卦以及刪除廣告郵件上？

拒絕「鞠躬盡瘁，死而後已」

「好累啊。」你這麼喊道。

但是在現代社會的失速生活中，誰不感到累呢？我想每個人感覺到的累，可能來自於不同的方面，或許是工作上的壓力、職業的倦怠感，甚至有些只是因為睡眠不足。但無論如何，只有輕鬆的身心靈，才能帶來高效率的工作，因此，任何一個時間管理高手，都建議人們要學會放鬆自己，為自己減壓。當然，每個人放鬆自己的方法不同。

琳達今年二十八歲，原本修習小提琴的她在畢業後不得不接手家族生意。她每天都對公司的很多事親力親為，她經常需要遊走於各個談判桌、飯桌之間，不停地出差，不停地坐飛機。她已經厭煩了這種生活，甚至是恐懼。她覺得自己必須要放鬆一段時間了。於是，這天她開著車，帶上讀書時代最愛的小提琴，來到了離市區很遠的河邊。

聽著潺潺的流水聲、空谷中鳥兒的啼叫，呼吸著新鮮的空氣，琳達拉起了小提琴，那些熟悉的旋律又浮現在腦海中，那些所謂的客戶、訂單、酒桌都拋到腦後的感覺真好，她感到前所未有的放鬆，她心想：果然只有小提琴悠揚的樂聲能讓我的心靜下來。

從那次以後，琳達重拾自己當年的愛好，每週末都會花上半天的時間練小提琴，陶醉在自己的樂聲裡，她很享受。

海倫是一位醫生。自年初醫院對主任們實行末位淘汰制以來，她就覺得心理壓力很大，經常感到頭昏腦脹、四肢乏力，脾氣也越來越不好。半年以後，她人瘦了不少，氣色也不再紅潤，有人說她得了抑鬱症。但是，近幾個月同事們卻普遍反映：心浮氣躁的她重新變回了那個穩重且敬業的醫生了。

究竟是什麼原因讓她放下壓力，樂觀地生活？

海倫說，是瑜伽。自從每天練瑜伽，她就感到渾身有使不完的勁。

Changing Know-How

感到疲勞或煩躁的時候，你不妨試試以下隨時放鬆自己的方法：

1 放鬆呼吸法

閉上雙目，默默地進行一呼一吸。可以將你的肺部想像成一個氣球，你想儘量將這個氣球充滿，當你感到氣球已經全部膨脹了起來，就表明已經氣沉丹田。然後，輕輕地、慢慢地將氣呼出。吸氣與呼氣皆持續四秒鐘。建議你改變數秒的方式，可將「一秒」數成「一個千分之一」，這樣能幫助你將速度把握在一秒鐘左右，不會過快。開始吸氣時，腦子裡便開始數：「一個千分之一，兩個千分之一，三個千分之一，四個千分之一」，然後以同樣的方法呼氣。

2 想像放鬆法

想像放鬆法是透過想像一些舒緩、愉悅的情景，達到身心放鬆的目的。例如，你可以想像自己在一望無際的大草原上散步。那是一個暮春的下午，夕陽西下，餘暉相映，你踩在柔軟的草地上，清新的野草味與花香陣陣撲鼻，不時還有鳥兒鳴叫、蜂蝶飛舞。你身臨其境，微風拂面，就像小時候媽媽溫柔的撫摸；柔光沐浴，高天遠山令人心曠神怡。這樣就可以漸漸地排除雜念，心緒趨於平和。

3 鬆頸操

右手置於腦後，下巴輕輕地壓向胸部，同時盡力將左肩和左臂向下沉。

保持這一個姿勢十至三十秒鐘，然後慢慢地還原。左右手交換重複練習，方法同上。

像琳達和海倫這樣因為各方面的原因造成心理壓力的窮忙族不少。他們就好像一個陀螺，被繩子抽得永遠停不下來。然而，如同泰戈爾在《飛鳥集》中寫道：「休息之於工作，正如眼瞼之於眼睛。」當你感到疲憊時，不妨散散步，下下棋，讀讀書，看看報，聽聽音樂，儘量保持輕鬆愉快的心情，紓解心理壓力後，身心健康的你，工作時會更有效率。

〔03〕治療瞻前顧後的拖延症 看淡成敗不執著

學學船長，在狂風暴雨時扔掉笨重的貨物，減輕船的重量。
——巴爾扎克

我們常常需要做抉擇——實行或者不實行。

我們總是試圖透過最精確的思維，來獲得自己最想要的結果。但其實很多時候，過多的思考將導致我們瞻前顧後，遲遲不敢行動。最終，時間白白流逝了，成功的機會也在這種猶豫不決中消逝，徒留遺憾。

成功學創始人拿破崙．希爾說：「生活如同一盤棋，你的對手是時間，假如你行動前拖拖拉拉，你將因時間過長而痛失這盤棋，因為你的對手是不容許你猶豫不決的。」

走自己的路，讓別人去說吧

你是否經歷過以下場景：你必須留下來加班趕工作，但同時你的朋友卻一直打電話給你，約你去喝一杯。怎麼辦？你是繼續加班，還是經不住他的誘惑？

如果你選擇後者，那麼，說明你是個容易被旁人影響的人。

你若是個珍惜時間和渴望有所作為的人，你就必須努力成為一個有主見的人。做任何事，做任何抉擇時，你不可以瞻前顧後。所謂不要瞻前顧後，並非暗指你思慮不必周全，而是希望你不要因為太在意旁人的看法，導致自己做抉擇時如履薄冰，行事拖沓。一個總是在臆想「旁人會如何看待我」、「我能從中得到什麼回報與表揚」的人，時常會落得不自信的形象，即便因此沒出過什麼缺漏，也實在是得不償失。

《聊齋志異》中有一則故事：

兩個調皮的牧童走進深山，看到一個狼窩，發現了兩隻小狼崽，並帶走牠們。老狼看到後，心急如焚，心心念念地要搶回小狼崽。

聰明的牧童們瞬間就抱著小狼崽分別爬上大樹。此時，老狼終於跑到樹下準備救狼崽，卻發現兩隻狼崽被分別放在相距數十步的兩棵樹上。緊接著，一個牧童在樹上掐小狼的耳朵，弄得小狼嗷叫連天，老狼聞聲奔來，氣急敗壞地在樹下亂抓亂咬。另一棵樹上的牧童又擰小狼的腿，這隻小狼也連聲嗷叫，老狼又聞聲趕去。牠不停地奔波於兩樹之間，終於累得氣絕身亡。

這隻狼之所以累死，原因就在於牠企圖救回自己的兩隻狼崽，一隻都不想放棄。牠沒有想到，其實以牠的能力，只要先守住其中一棵樹救回一隻狼崽，用不了多久另一隻也能夠平安。《吳子．治兵》有云：「用兵之害，猶豫最大；三軍之災，生於狐疑。」就是這個道理。

我曾有這樣一位主管，他有個長處，那就是不輕易受他人干擾，即使有人在他旁邊嘮嘮叨叨，他也能靜下心來把事情完成，而且乾淨俐落，絕不拖泥帶水。他那種明快果決的本領，十分令我佩服。

多數人無法做到如此。我們常為身邊的各種問題感到煩心，太容易被旁人的閒言碎語動搖，患得患失，以至於賦予外來的力量左右我們的機會。似乎誰都可以在我們思想天平上加點砝碼，隨時都有人可以使我們變卦，頻頻為我們的生命旅程設下障礙，讓我們離自己的目標越來越遠。

當你因為害怕別人對你的看法而遲遲不敢做決定時，不妨告訴自己：我的任何一個決定，都是在我選擇之後的很久很久，才會得到客觀的、中肯的評價。那些及時的表揚和獎勵都是鼓勵性質的，不是真正客觀的、準確的評價。

Changing Know-How

為避免他人的有意干擾，你需要注意以下幾點：

1 採用穩健的決策方式，堅決按照原則執行

有時候在做抉擇的前一刻，你的大腦可能一個勁兒的陷入「哪個好，哪個壞」的爭論之中，其實上沒有這個必要，多數的抉擇皆有利弊，很難分割，沒有哪個抉擇是百分之百的好與壞。所以，只要沒有迫切的需要，你應該遵從自己事先制訂的決策原則，避免因過度思慮現實中的風險是否會牽涉切身利益，而不容易下定決心執行，導致時間蒸發。

2 養成獨立思考的習慣

總是人云亦云、缺乏主見的人，是不可能做出正確決策的。如果不能有效運用自己的獨立思考能力，隨時隨地因為別人的觀點而否定自己的計畫，易使自己的決策出現失誤。

3 不要總是好高騖遠

對抉擇後產生的結果抱持過高的期望，不僅不切實際，還會為你帶來一定的心理壓力，束縛你正常發揮自己做決策的能力。而且，倘若你一味的活在自己能收獲最高利益的妄想之中，當結果不符合自己的預期時，你所受到的打擊可能是你所無法承受的。

總之，你要明白的是，培養自己的執行力極為重要。因為世界上所有的機會都是稍縱即逝，不會留下足夠的時間讓你去反覆思考，而是要求你當機立斷，速戰速決。如果你遲疑不決，最終將兩手空空，一無所獲。

害怕失敗就越容易失敗

你可能都有過這樣的經驗：

你每天出門都帶著雨傘，可是都沒遇到雨天，所以你今天不想再帶傘出門。但就是那麼巧，今天偏偏下雨了。

你排隊買東西，眼前的幾條隊伍明明相同長度，但你發現自己加入的隊伍卻是最慢的。

你在街上準備攔一輛計程車趕赴一個時間緊迫的約會，但街上所有的計程車不是有客就是根本不搭理你。而當你不需要計程車的時候，卻發現有很多空車在你周圍晃蕩。

……

這說明了什麼？根據墨菲定理（Murphy's Law），那就是——「事情如果有變壞的可能，不管這種可能性有多小，它總會發生。」為什麼？可能是因為你擔心某種情況發生，所以對此非常在意、注意力集中在可能會犯的錯誤上，導致你越容易犯錯誤。

我們也可以從中體悟出一個的道理：如果我們害怕失敗而不敢挑戰自己，將使我們徹徹底底地淪為一個怯弱的失敗者。

犯下錯誤其實並不可怕，可怕的是我們對於犯下錯誤的恐懼。因為想避免自己將事情搞砸，所以我們選擇什麼也不做；因為想避免自己將人生搞砸，所以我們選擇一份看不見前景，卻穩定的工作；因為想避免未知的後果，所以我們選擇保持在一個不變動的狀態，待在自己的舒適圈中。

換句話說，這種「害怕失敗」的心理，造成我們在小事上拖拖拉拉，在人生大事上止步不前。

小朱的家境普通，他四年的大學學費消耗掉了父母累積多年的存款。大學畢業後他進入一家不錯的公司，收入還過得去，兩年下來手裡也存了一些錢。後來因為公司縮編，小朱失業了，當時他就想用手裡的這筆錢創業。

於是小朱開始四處尋找機會，但是當機會出現時，他又不敢出手。他總是擔心萬一賠了怎麼辦？父母年歲已高，還等著他賺錢養他們；沒錢繳交房租，他豈不是要淪落街頭；萬一失敗了，他怎麼面對親戚朋友？小朱未能衝破內心的障礙，幾經周折後他不得不決定回到受雇於人的行列之中。

可是當他重歸舊路後，才發現自己早就已經落伍了，在家賦閒一年的他早就已經跟不上行業內的就職要求。無計可施之下，他只能無限降低求職標準，到一間文具工廠做計件工。小朱漸漸意識到了自己的錯誤，他在心裡暗暗發誓：再有創業的機會，我定會果斷出手。

皇天不負苦心人，小朱從同事的口中得知，工廠正在開發文具代理商。他非常興奮，與主管幾番交流之後，他拿出自己剩下的積蓄，成功得到這個機會，並盤下一間小店面代理文具，邁出五年來的第一步。如今，小朱的文具店生意漸入佳境，他眼中所能看到的不再是失敗的恐懼，而是光明的未來。

人活於世，能放開手腳做自己想做的事，才不枉一生。

關鍵在於「做」這個字，只要行動了，就一定會有結果，至於成敗與否，都要等到做了以後才知道。哪怕這次沒能成功，你也能品嚐到失敗的滋味，並從這種苦味中琢磨出回甘的體悟。

至於那些曾經令你裹足不前的恐懼？

一旦開始行動，你就不得不變得勇敢，即使不想堅強，現實也會逼著你堅強。畢竟，遇到困難想辦法解決，是你唯一的出路。再者，這種不斷解決問題而逐步建立起來的信心，比起因旁人給予鼓勵而產生的信心，更加真實。

這麼一個對自己有信心的人，能不成功嗎？

Changing Know-How

散漫的你想要克服拖延症，可以這麼做：

1 利用「害怕失去」的心理

《快思慢想》的作者康納曼（Daniel Kahneman）曾提出「預期理論」，並以此獲得諾貝爾經濟學獎。他指出人們有「害怕失去」的心理習慣，比起得到，人們更害怕失去。舉例來說，當人們獲得一千元時的開心程度，遠不如人們弄丟一千元時來得傷心程度。因此，在人們無法達到目標後予以懲罰，可以促使人們遵從自己一開始定下的約定。你可以利用這種心理經驗，克服懶散的心性。

2 利用「愛面子」的心理

多數的人都是如此，我們不喜歡也不願意在熟人面前丟臉。所以當你想要實現某項目標的時候，不妨請身旁的親朋好友來監督你。你可以在社群網站向你的追蹤者公布你近期的任務與目標，賦予他們耳提面命地問你「事情當前的進展如何」的權力，對你施加壓力，幫助你找到實踐計畫的動力。

真正的失敗，是沒有開始的勇氣。當機遇來臨的時候，你卻還在惶恐中度過，不願意改變，沒有恆心堅持，那麼成功必然會與你擦肩而過，在生命中留下永無止盡的懊惱悔恨。記住，成就是被逼出來。既然你不想與平庸者為伍，就要有卓越者的勇氣。

〔04〕

為什麼你工作時間長工作經驗卻不豐富

重點不是你工作了多少時間，而是你做出了多少成績。

——鮑勃．珀森

社會發展日新月異，各行各業所需的知識層次也日益升高。如果你不願意付出努力深造，一味的墨守成規，等待你的就是——「適者生存，不適者淘汰」。

《荀子．勸學》裡有云：「學不可以已。」人是不可以停止學習的。從人的自我發展和自我實現來說，一個人一旦停止學習，他的生命也就到頭了。因為他難以在快速發展的社會裡找到自己的位置，必須面臨被時代淘汰的危險，他的生存就會受到威脅，又怎麼談得上自我發展跟自我實現呢？

在漫長的人生旅程中，你再忙、再累，也不能放棄對知識的追求。你要在認識自我的基礎上，針對自身的薄弱環節而不斷充實自己、提高能力，意即人們常說的

「要不斷充電」。唯有透過學習增強自己的競爭力，博學之，審問之，慎思之，明辨之，篤行之，把理論知識付諸實踐，你才能在時代進展中，保持前進的動力，才有可能逐步升職、提高薪水，取得成就。

你工作的時間長，不代表你的工作經驗豐富

公司來了一位踏實能幹的年輕人，不久就被提升為部門經理。

這讓同在該部門工作的老王很生氣，因為他在這家公司裡忙碌了十五年，但是一直沒有被提升。他越想越來氣，跑到老闆辦公室，抱怨說：「我在這裡工作兢兢業業，已經有十五年的經驗，可是您卻把剛來了半年的新人任命為經理。我沒有辦法接受您的做法。」

老闆耐心地聽完後，答道：「老王，你的心情我可以理解。但是有一點你弄錯了。你並沒有十五年的工作經驗，你只有一年的經驗，只是把它兢兢業業地用了十五年。」

老王聽後，呆了半分鐘，默默地走出辦公室。因為他確實無法有力的辯駁老闆

所說的話。

許多人就和老王一樣，以為自己很認真地在工作，兢兢業業了幾年或者十幾年，其實，這只是拿時間在堆工作年限而已，只能代表你工作的時間很長，但不一定代表你的經驗和工作時間成正比。

一間公司每天都會發生許多事情，職員人數越多，發生的事情也就越多越複雜，雖然主管不可能掌握下屬的每件事，但是他心裡還是知道每個員工為公司做了些什麼。所以，那些盲目地認真工作的人，無須為了得不到主管的認可而感到遺憾，無須為了旁人看不見你的付出而感到憤憤不平。

那麼做是毫無意義的，若是真要怨，你應該埋怨的是你自己。你以為自己很努力了，但其實你的努力用錯了地方，所以你沒有成功，只是拿時間在瞎耗力氣。

誰都希望在職場中獲得最快的發展，然而為什麼有的人工作了很多年還在原地踏步，而有的人卻在很短的時間內獲得了一般人無法想像的發展機會？最根本的原因，就在於他們的工作是否到位。

到位不到位，結果相差可說是百倍。在職場中發展最快的人，永遠是把每一項工作都做到位的人。

如果一位將軍在戰場上總打敗仗，那麼沒有人會認為這位將軍是位好將軍；如果一位公司總裁連續數年都不能帶領公司走出虧損，那麼至少在這家公司他不能被定義為好總裁；如果一位醫生的手術成功率總是低於行業平均水準的話，那麼也沒有人會覺得這位醫生是位好醫生。

當然，創造業績的員工，並不一定都是好員工，但如果一直處於沒有業績，沒有績效的狀態，這樣的員工一定不是好員工。盲目地埋頭付出是愚蠢的行為，你應該突出自己為公司創造的利益，縮小所犯的過失，並且隨時根據情勢調整自我，從而使自己成為能替公司發展做出貢獻的人，使自己的付出值回票價。

養成寫工作日誌的習慣

我們每天都渴望進步，從而提升自己事業發展的空間，但前提是我們要學會管理工作和時間，而「總結」就是能幫助我們進步的妙方。

即使你今天完成了很多項工作，如果你沒有將這些工作內容即時記錄下來，數日後，或許你就會忘記自己哪部分做得不夠好，哪部分有待改進，哪些需抓緊落實。

反之，如果你以工作日誌的形式記錄下每天的工作細項，清楚自己每天的工作情況，就能分析失誤及不足之處的問題所在，找出解決方案。做到有備無患，開展下一步的工作，甚或是日後工作時也能借鑒今日好的經驗。

再舉個例子：今天你一共打電話給了十個客戶，以了解公司產品的市場反應。電話打完後，你就記錄下這十通電話的溝通情況。

你發現，不同的客戶會對你的產品提出不同的問題。例如有的客戶說價錢貴，有的客戶說操作麻煩，產品不完善等等。當你分別再打第二通電話給他們時，就可以提前把客戶上次所提到的顧慮打消，為你跟客戶順利合作打下良好的基礎。

這麼看來，不難發現，工作日誌對人們有以下兩種助益：其一，培養嚴謹的作風；其二，增強了思維的邏輯性。

嚴謹的作風是慢慢培養起來的。當你將工作中的點點滴滴都做好了，整體來說，你才能把自己的職位做好。由點及面、由細到深。怎樣才能不遺漏任何的「點點滴滴」呢？那就要靠良好的習慣——撰寫工作日誌——供自己省思與檢視。因此才說工作日誌能夠培養嚴謹的行事作風。

邏輯性的提升，則是來自於你將記憶轉變成書面文字的過程。在你寫工作日誌時，必定要針對已完成的工作在大腦中進行一番整理，這可以保證大腦順暢的運作。藉由梳理了工作條理，增強了你對甲事與乙事之間的反應能力、幫助你理清甲事與乙事的關聯性，也就能逐漸提升你的邏輯性思維。

換句話說，養成寫工作日誌的習慣，可以使你更自信、更勤奮、更積極地面對每天繁重的業務和激烈的市場競爭。

Changing Know-How

工作日誌該怎麼寫，它又包括哪幾個部分呢？

1 記下每天的工作事項

剛開始，你可以簡單地記錄下每天有什麼工作事項。在記錄的過程中，你可能會發現自己有許多預定的工作事項無法完成，那麼沒做完的工作事項怎麼辦？藉此激勵自己明天一定要完成自己預定的工作事項，從而樹立堅強的意志，並且逐步調整自己，抓準自己每天可以負擔的工作量。又或是，你可能會發現自己能夠輕鬆地完成工作的計畫，還有富餘的時間，從而思考自己還有能力去做更多的事情，何不多多嘗試，進而開發了潛能。

2 記錄自己每天遇到的工作問題

寫工作日誌的時候，你可以記下自己遇到的各種疑難雜症，甚至是自己遇到的阻礙、犯下的過錯。俗話說，熟能生巧。當你與問題的見面次數多了、彼此熟悉了，下回遇見問題，自然就不會惶惶不安。對於處理得好的情況，你可以借鑒，往後應用到類似的問題上；對處理得不好的問題，你可以透過記錄、分析，找出更好的解決方法，揚長避短。

3 紀錄你的工作心得

你現在可以寫工作日誌的下一個階段，此時的你，因為經過前面兩個時期，會發現自己的思維比過去清晰，邏輯能力也增強了，進而會對自己的工作內容產生不同的心得和看法。對待阻礙和挫折的時候，可以獨自處理之外，甚至會有嶄新的解決之道。這將能助你更全面的了解自己的潛能，對你今後的人生發展有百利而無一害。

4 羅列能預想的第二日工作事項

明天你必須處理哪些事？請你把自己能預想到的待辦事項簡單地羅列出來，敦促自己在第二天的第一時間解決掉這些事情，培養嚴謹的工作態度，磨練自己有計劃、有目的的工作習慣和能力。如此一來，你才能看得更廣，想得更深，走得更遠。

〔05〕隔絕外界紛紛擾擾思路更清晰

惜時、專心、苦讀是做學問的一個好方法。

——蔡尚思

一個人做事的狀態會影響他做事的效率。

效率高的人做事時都會十分專注，因為他們知道時斷時續行事方式，是效率的敵人。誠如〈曹劌論戰〉所云：「一鼓作氣，再而衰，三而竭。」戰爭時，軍隊聽命擊鼓聲進攻，第一次擊鼓可以振作士兵們的勇氣，第二次擊鼓士氣稍降，第三次擊鼓士氣就完全消失了。換言之，做事應一口氣完成，而不能斷斷續續。

確實如此。想要高效率完成一件事情，就必須要有良好的狀態，但是進入狀態是需要時間的。如果我們每過幾分鐘就停止手上在做的事，想要再次進入狀態，就必須再花額外的時間，這必然會導致效率降低，浪費精力。

另外，人或多或少是會懶惰的，若做事途中有停頓，而不是堅持一口氣做完，我們很可能會因為想「休息一下」而拖延很久。效率低下不說，還會導致工作狀態前鬆後緊，後期任務過多，時間過少，任務的品質也會有所降低。

一次做一件事勝過做多件事

著名的心理學家愛德華・德・波諾（Edward de Bono）曾經在《六頂思考帽子》一書中談到過一個有趣的實驗：

他讓參與實驗者在大街上觀察一分鐘內經過某一個路口的車輛，並要求他記錄下這一分鐘內過往車輛當中黃色汽車的數量。等到實驗對象觀察完畢並把答案遞交上來之後，他又讓實驗者回憶一下剛才經過路口的黑色汽車的數量，結果沒有一位實驗對象能夠回答出來。

這個實驗說明，在大多數情況下，一個人的注意力只能集中在一件事情上面，如果有人一定要同時思考或者關注幾件事情的話，他最終很可能每件事都沒做好。

心理學家發現，如果一個人能夠在工作過程當中精力保持高度集中，他的心理能量就能夠更加集中地投入到正在進行的思維活動中，從而使思維在特定的問題上處於最佳啟動狀態，最終使大腦能夠高效地進行資訊處理和問題解決。

美國紐約中央車站每天都有很多來往各地的旅客，車站的詢問處不可避免地必須不斷地處理旅客的各種疑問。如何在回答提問者時，方寸不亂，對於詢問處的工作人員來說，往往是件很令人頭疼的事。但其中有位工作人員的工作狀態卻好到了極點。

此刻在他面前的旅客，是一個中年婦人，手裡拎著很小的行李箱。服務員把頭抬高，集中精力，透過工作間的隔欄看著這位婦人。他問：「您要去哪裡？」

「特溫斯堡。」

「是俄亥俄州的特溫斯堡嗎？」

「是的。」

「那班車將在十分鐘之後發車，上車在十五號月臺。你現在走還趕得上。」

「我還能趕得上嗎？」

「是的，太太。」

婦人轉身離去，這位服務員立即將注意力轉移到下一位客人——排在婦人後面戴帽子的男士。但這時先前那位婦人又回來問了一句：「你剛才是說十五號月臺？」

這一次，這位服務人員集中精力在這位戴帽子的男士身上，對剛才那位婦人的提問置之不理。

有人請教那位服務員：「能否告訴我，你是如何保持冷靜的呢？」那個服務員說：「我一次只專心服務一位旅客，這樣工作起來才能有條不紊，不會被各式各樣的問題干擾。」

一個人的精力是有限的，縱然你有一心兩用的本事，但是如果你長期被那些瑣碎毫無意義的事情所佔據，就會沒有精力去做真正重要的事情了。一次處理一件事，避免同時間處理多件不同的工作。工作過程中要全神貫注，避免分心，排除各種使你分心的因素，你就可以工作得更有效率。同時，堅持一鼓作氣，儘量不停頓、不中斷，直到全部完成。

舉例來說，你現階段的生活中，最重要的任務是什麼？是求學嗎？如果是，就應該把大部分的時間放在功課上面，把你的書念好再說。在這個時候，其他的交際、嗜好，都放到一邊。等寫好了功課，考完了試，再去交際娛樂也不遲。

魯迅當年在上海寫作時，曾給自己定下一條原則：除非特殊的緊急事件要處理，否則就要全身心地投入到寫作中去。他把所有的精力集中在一件事情上，為自己營造一個高創作效率的工作環境。他每天一坐到桌子前，就不再想別的事，直到文稿寫到結尾。這條原則使魯迅忘我地寫作，從來不覺得寫作是一件枯燥無味的工作。他在上海近十年之間創作了大量的作品，諸如《而已集》、《三閑集》、《二心集》等作品。

那是一種很神奇的體驗。

當一個人專心致志於一件事情的時候，好像世界上就只剩下這一件事。

「一次做一件事」是解決瞎忙這種工作效率低下的良藥。卓越人士往往懂得專注於一項工作的重要性。事情多了，心就沒有空間，能量就被瑣碎的事耗費殆盡。每個人的工作時間都是一定的，但是每個人的工作效率卻常常不同，主要就在於人們能否對時間進行合理安排和運用。

學會一次只做一件事，就能成為時間的主人。許多人在工作中把自己搞得疲憊不堪，很大程度上就在於他們沒有掌握這個簡單的工作方法，他們總試圖使自己具有高效率，而結果卻往往適得其反。

一下往東，一下往西

有一位商人子承父業，接管了父親留下的珠寶店。剛開始，由於他沒有經營的經驗，賠了不少錢。後來他覺得珠寶行業投資高、技術性太強、風險太大，於是他便把父親留下的珠寶店給賣了，決定改行投資做服裝生意，並相信肯定能成功。

服裝行業倒是週期短，而且不需要太大的專業學問，可是他總是賣些舊款的服裝，價錢又高、款式又舊，一來二去，便也無人問津了。他就這樣持續了三年，又賠了不少錢。因此，他又把服裝店賣了，用剩餘不多的資金開餐館。餐館沒開多久，本錢還沒有撈回來，他又發現自己的一個朋友做化妝品生意發了大財。於是，他又決定做化妝品生意，並將餐館賣掉。

就這樣，他這山望見那山高，此後又嘗試做了鐘錶生意、印染生意……等等。沒有一項事業做得長遠，全都無一例外地失敗了。每嘗試一種生意，他的資金就會賠上一部分。最後當他六十歲時，雙鬢已經灰白，寶貴年華在他「一下往東，一下往西」中消磨殆盡。他清算了一下自己的家底，所有的錢僅夠買一塊離城很遠的墓地。

有一個剛畢業的大學生，他本來在一家超市做銷售員，不久就覺得超市工作時間長，且薪水低廉，因此辭職。後來，他應聘到一份市場調查員的工作，工作三個月不到，又覺得天天在外面奔波太辛苦，就又找了一份坐辦公室的差事。但辦公室沒做多久，他就發現同事不好相處，於是又想辭職了。這回卻連自己也不知道該找什麼樣的工作才好。

許多上班族有類似的情況，這樣的例子不勝枚舉。

他們總是惦記著跳槽，在這家公司裡偶然遇到不順心的事，就想著離開；他們缺乏耐心，做事如蜻蜓點水，輕易選擇放棄。結果在大學畢業後不到一年的時間裡就換了好幾份工作，導致自己始終無法穩定下來，深陷「窮忙」的狀態之中。即便他們在這過程中付出再多又如何，終究不過是一事無成。

適當的跳槽，有利於增長見識、鍛煉才幹，但過於頻繁地跳槽，就會在不知不覺中養成習慣。工作中遇到困難想跳槽、人際關係不好想跳槽、看到好工作想跳槽……有時甚至莫名其妙就想跳槽，似乎面臨一切問題，只要跳槽就能解決。

如果長期這樣，你的心態會越來越浮躁。久而久之，也會給人一種「你的能力不足」的表象，對你的職涯發展相當不利。我曾聽過某位人事經理說：「我招聘人的時候從簡歷上就可以看得出來，有的人是為了逃避壓力而換工作，他們一年換一個工作，或者幾個月換一個工作。這樣的人我是絕對不會聘用的，如果一個人碰到困難就選擇辭職的話，那他一輩子都是一個失敗者。」

為此，你一定要克服「一下往東，一下往西」的奇癢，讓自己的心沉靜下來。堅定自己的目標，你內在的力量和智慧才會找到正確的方向，才能摒除外界的眾多流言蜚語和誘惑，省去走彎路的時間。

Changing Know-How

想要摒棄做事三分鐘熱度的心理狀態，你可以這麼做：

1 挖掘真實生活之美

你之所以覺得現階段的生活無聊，可能是因為你長期被影視荼毒的後遺症。你看見電影、電視劇、電玩裡主角們的生活異常精彩緊湊，因此覺得生活就該是那樣。但別被騙了！戲劇與遊戲裡的主角，他們的故事是經過說書人的提煉，倘若他們跟你處於相同的時空中，他們多數的日子也是平淡的。你要學習的是他們的創作者，將真實生活中新奇美好的部分萃取出來，以保持自己對當前生活的熱情。

2 先從可以「立竿見影」的任務做起

你養成放棄的習慣，可能源自於你遲遲無法見到付出有所回報的沮喪感。你不妨從短期的任務著手，藉由立刻收穫回報的成就感，來建立自己的自信心。舉例來說，與其訂下「成為一位名廚」的目標，不如從「完成一道料理」開始，降低自暴自棄的機率。

3 找朋友「陪跑」

這是我從慢跑的過程中得到的啟發。我發現自己一個人獨自慢跑，輕易就會因為意志力不夠，而心生放棄的念頭，但找朋友陪跑，往往會有出乎意料的效果。如果你常常有撐不下去的感受，不妨在做某件事情時，找情緒穩定的朋友陪伴你，助你完成這件事。記住，朋友陪伴你的目的是助你有始有終，而非玩樂，要是因此分心就不好了。

總之，無論你今天打算做什麼，讓自己沉下心來進入角色是非常重要的一件事。如果做每件事情你都能專致志，持續下去，形成了一個良好習慣，那麼你的浮躁之氣自然會沈澱下來，享受到完成每件事情的快樂及成就感。

第2部

制定計劃！忙得有條有理，忙得游刃有餘

當你的忙碌達不到你的結果時，
那你應該靜下心來擬訂計畫，
讓每一分每一秒發揮它應有的價值。

〔06〕
好記性不如爛筆頭
將願望變成現實

不寫下來的目標，不是一個目標，
僅僅是一個願望。
——史蒂夫．馬拉博理

目標和願望的差別何在？

目標是可以實際操作完成的，願望則是一種抽象概念而已，它不過是心裡的那句「我希望……」。把願望變成目標其實很簡單，最基礎的動作就是，先把它寫下來，並將「我希望」三個字改成「我要」。藉由寫下你的目標，迫使自己不斷地看見它，強化它的存在感，幫助你產生實現它的渴望。

目標訂定下來之後，你才能制訂計畫，並且按照計畫行事，最終實踐目標；你才不會渾渾噩噩地過日子，浪費生命。

你的目標是什麼呢？

擁有一間房子，還是有個相親相愛的愛人？可以周遊世界，看遍世間的風景？又或者是擁有一番自己的事業？不管你想要什麼，你都應該早早為自己打算好。

具體的目標助你確立前進的方向

常常聽到人說：「我真的想成功，也想確定人生目標然後努力去做，但就是不知道該怎樣去做。」為什麼會有這樣的情況呢？其實只是因為這些人不夠了解自己，不知道該怎麼確定一個具體的目標。

首先，你應該要清楚，何謂一個清晰具體的目標。

具體的目標可以引導你的行動，它能讓你產生前進的動力；這個目標不僅僅是你要奮鬥的方向，它的存在更是能夠鞭策你。一旦你的目標明確了，你就有了熱情，有了積極性，有了使命感。擁有明確目標的人，會感到心裡踏實，注意力也會出奇地集中，不再被那些繁雜的事所干擾，直至完成目標。

一九七九年，美國哈佛大學對應屆畢業生做了一項調查，詢問應屆畢業生中有多少人有明確的人生目標。結果是，有百分之三的人有明確的人生目標，並且將它寫在日記本上，這些人是第一組；另外有百分之十三的人，他們腦袋裡有人生目標，但沒有寫在紙上，這些人是第二組；其餘百分之八十四的人都沒有明確的人生目標，他們的想法是畢業後先去度假放鬆一下，這些人是第三組。

十年後，哈佛大學又把當初的畢業生全部召回來，做一次新的調查。結果發現第二組的人，即那些有人生目標但沒有寫在紙上的畢業生，他們每個人的年收入平均是那些沒有人生目標的畢業生的兩倍。而第一組的人，即那些百分之三把明確人生目標寫在日記本上的人，他們的年收入是第二組和第三組人的收入相加後的十倍。

可見，明確清晰的目標是行動通向成果的指南針。

當人們的行動有明確的目標，並且把自己的行動與目標不斷加以對照，清楚地知道自己的進行速度和與目標相距的距離時，行動的動機就會得到維持和加強，人就會自覺地克服一切困難，努力達到目標。

反之，人若沒有目標，做事時就往往會猶豫不決。例如，在餐館點菜時，因為你的心裡沒有主意，只能聽從服務生的介紹；想買一套房子，但因為你的目標不明確，東看西看了半天，累得你決定隨便買一套。然後等到靜下心來，你才發現，那些菜根本不符合你的口味，你買的房子也有諸多問題。

成功，卻不是點一道菜或買一套房這麼簡單。

糊里糊塗地點菜或買房，你所造成的損失也不過是幾道菜或一幢房子。而人生是一個漫長的過程，如果沒有具體的目標，你必然會活得渾渾噩噩，像成天圍著磨盤打轉的驢子，走不出那一方天地。

金錢財富也是同樣的道理。如果你還沒有制訂出很具體明確的目標，那麼你也很難擺脫「窮忙」。你可能心想：「我要成為富人。」但是光是盼望自己賺很多的錢，是無法為你帶來財富的，因為這只是你的想法而不是目標。這樣的想法太抽象、太空泛，不具有實際的指導作用。追隨目標而來的，是具體的數字、時間期限、詳細的計畫、隨之付出努力和行動，並且每天每周每個月，衡量自己實踐的進度。

你可以花錢買一本精緻且漂亮的筆記本。在筆記本上寫清楚你在五年之內想要實現的財富目標。把目標寫在筆記本上後，每天看它，時時提醒自己。你的大腦便會記下你的目標，並會自動找出好的主意和方法讓你實現目標。

Changing Know-How

想將願望變成現實，你可以這麼做：

1 設定可以做到且挑戰性的期限

如果你的目標是寫一本書，但是你並沒有給自己一個期限，那麼，你就會無限制地拖延下去。但如果你給自己定一個期限，比如一年、兩年或者三年，你就會按照這個期限來約束自己，在規定的時間內完成任務。當然，你所設置的期限需要有一定的緊迫性，才能達到鞭策的效用；同時還得合理，畢竟沒有人能一步登天。

2 切割你的目標

「理想化」是多數人的缺點。他們會幻想奇蹟從天而降，他們在制訂計畫的時候，偶爾會有點好高騖遠。然而，凡是長遠的目標都需要較長的時間來完成，且具有一定的難度。如果你只照著這個長遠目標努力，短時間內不會收到成效，這會挫傷你的積極性。所以要把長遠目標分解成無數小目標，這樣更容易達成。假設你現在月薪是三萬，你就不能奢望一下子漲到十萬，那是不切合實際的。你可以設定四萬，然後慢慢地接近五萬，最後達到十萬。這就是一種將目標切割的方法。

3 不斷向自己提問，並思考解決方案

無論是做什麼事，你或多或少會遇到困難。當你在制定目標與計劃時，不妨把可能出現的困難先羅列出來，給自己一個心理準備，做必要的防範，屆時真的碰到困難時，你才不會手忙腳亂。當然，很多困難是無法預知的，最關鍵的還是要有戰勝它的決心，以積極的心態想方設法解決，才會讓事情有轉機。

如果你年少時沒有訂下一個明確的長期目標，那麼，現在就一定要及時為自己的人生規劃一張幸福藍圖。將自己最大的夢想標在最頂部，從下往上，把你每個年齡階段要做的事情，要實現的小目標，都標注出來，然後按照這個路線圖一步一腳印地前進，總有一天，你會登上成功之巔。

隨波逐流讓你盲上加忙

當你每天為了自己的目標忙碌奔波的時候，或許曾有過這樣的困惑：「為什麼我如此忙碌，卻還是看不到光明的前途？」

你可能有過這樣的沮喪心情：「我是缺乏天賦，還是我就是時運不濟？」

你還可能有過這樣迷茫的處境：「我現在堅持的是自己最初的夢想嗎？」

暫且拋開那些如泉湧般的困惑、沮喪與迷茫，請你先思考以下這個問題——「你是否在隨波逐流？」你是否在社會熱潮中任意找了一條航線；你是否只顧低頭拉車，沒有抬頭看路。

舉例來說，許多人在諮詢職業發展規劃時，常掛在嘴邊的話便是：

「聽說現在做這個行業很賺錢。」

「我的同學在那個行業真是如魚得水。」

「據說，考這個證書出路特別好。」

這種盲目且追隨潮流的心態增加了一個人的窮忙狀態。如果你沒有認真地想好自己該走怎樣的路，自己走的路是否正確，就算你下了多大的決心去奔波忙碌，在一條錯誤的道路上，處於劣勢的你該如何發光發亮？

每年大學學測結束後，時常可以看到莘莘學子拿著推甄申請表，在選擇填報哪間學校與科系時感到束手無策。大家紛紛想尋找熱門的科系，同時又對自己能否考上心存懷疑，所以難免會疑惑：「老師，他們都填了企管系，你看我是不是也選這個？」

在一番猶豫之後，許多優秀學生最終都選擇了大家趨之若鶩的熱門科系。然而，到了即將從大學畢業時，他們才發現自己以為的「熱門行業」其實並不好就業，市場已經飽和。這就是典型的從眾心理。他們沒有意識到社會需求的一條客觀規律——物以稀為貴。

一旦千軍萬馬都去擠一座獨木橋，那麼就會大大增加橋坍塌的可能性。相反的，如果你能獨具慧眼，另闢蹊徑，見人之所未見，往往更能適合社會的需要，更容易在社會上生存並取得成功。記住，在這個競爭激烈的時代，如果少了「思考、分析、總結、再前行」這重要一環，你是無法走出窮忙圈的。

從二十世紀八〇年代起，比爾・蓋茲（Bill Gates）每年都要進行兩次為期一周的「閉關修煉」。在這一周的時間裡，他會把自己關在太平洋西北岸的一處臨水別墅中，拒絕和任何人見面（包括自己家人在內）。透過「閉關」使自己處於完全的封閉狀態，完全脫離日常事務的煩擾，靜心思考一些對公司、技術非常重要的問題。比爾・蓋茲的「閉關」不只是一種休息方式，更是一種高效率的工作模式，是一項讓整個微軟公司和他自己能找到準確航線的重要工作。

西漢賈誼於《新書》寫道：「今前車已覆矣，而後車不知戒，不可不察也。」

你不一定知道最適合自己的道路是什麼，但時時反省卻可以使你不至於在不適合自己的道路上走得太遠。別光是嘟囔自己忙、沒有時間，只要偶爾抽出空來，抬頭看看前後的道路，你今後的忙碌會更具有價值。

〔07〕消除貪念
捨棄是為了擁有更多

大行不顧細謹，大禮不辭小讓。
——司馬遷

你有做不完的報表、開不完的會以及見不完的客戶，於是你選擇做時間計畫表，將所有的事務都被安排進去。你看著滿滿當當的計畫表，萬丈豪情頓生，心裡無比得意。然而，你在執行的時候發現這份計劃表很難完成。

這是為什麼呢？因為這份計畫表只是無意義的事件排序，缺乏條理性。

暢銷書《與成功有約》的作者史蒂芬．柯維（Stephen Covey）曾提到：「關鍵不在於依次序安排時程表上的事項，而在於安排優先事項的時程。」

無論是工作還是生活，都需要章法，要分輕重緩急，這樣才能一步一步地把事情做得有節奏、有條理，最終達到良好結果。

確保你正在做最重要的事

羅先生是一家機械公司總裁，這天，他會見了一名叫做皮埃爾的效率專家，並請對方教授自己該如何擬訂有效的時間管理計畫。皮埃爾表示自己只需要十分鐘，他拿出一張白紙，然後遞給羅先生說：「請您先在這張紙上寫下您認為明日最重要的六件待辦事項。」

羅先生照做了。皮埃爾繼續說道：「現在，按您的認知，將它們依照重要性來排序。」

羅先生花了五分鐘做完。

皮埃爾說道：「再來，請把您手裡的這張紙放到口袋裡，明天早上起床後什麼都不要想，投入第一件事，直到您已經將它做到好為止。然後再按照順序來逐一處理其他事。即便其他事您還沒有完成也沒關係，因為您始終在做最重要的事。」

誠如英國哲學家赫伯特．史賓賽（Herbert Spencer）所言：「時間是有限的，不僅是因為人生短促，更是因為生活中的事務。我們應該力求把所有的時間拿來做最益的事。」

人的一天只有二十四個小時，除去合理的休憩時間，怎麼算也只剩十個小時左右，用來處理諸多正事是遠遠不夠的。你可能每天手忙腳亂、熬夜加班，導致自己長期處於神經高度緊繃的狀態，最後效率越來越差。所以，想要擺脫身心俱疲的狀態，首先要學習「捨棄」二字。

畢竟，你並沒有神通廣大到可以一次解決掉所有事務，你必須在繁重的事務之間抉擇孰重孰輕，捨棄那些比較不重要的，確保自己永遠在做最重要的事。如此一來，你就能從容有度地完成一個具有「可行性」的計劃表。

Changing Know-How

想要確保自己一直都在做最重要的事情，你可以這麼做：

1 計算你現階段的時間有多少

如果你不清楚自己可支配的時間有多少，就著手安排計畫，那你的計劃不過就是你對未來的想像，是一個充滿理想的夢。所以要完成一份「實際」的計畫，計算你手頭上的時間額度相當重要。例如：你所需的睡眠時間平均為八小時，用餐與沐浴約莫會消耗掉三個小時，你就只剩十三個小時可以支配。

2 記錄每件事將損耗多少時間

請你在今天必須完成的事項後方寫下它所需佔用的時間額度。你可能會得到如同下面的一份紀錄。

1 和朋友討論年底的旅遊計畫——三小時。

2 上韓語課——一個半小時。

3 去賣場購買日常用品——兩小時。

4 打掃家裡——一小時。

5 撰寫期末報告——三小時。

6 準備明天的考試——三小時。

如此一來，你總共需要十三個半小時，比你實際上擁有的時間多出半個小時，更別提還有從家裡到韓語教室的時間、開車到賣場的時間以及到定點與朋友會合的時間等等。所以，你必須在這些待辦事項之中取捨（記住，是取捨而非縮短時間），確保留下來的事項可以妥善完成。

3 果斷捨棄不必做的事

現在，仔細看看你的時間記錄，逐項逐項地問自己：「如果我今天不做這件事，會產生什麼後果？」如果影響不大，那麼就應該立刻從今日的計畫表中劃掉。對於那些你無法判斷是否應該割捨的事，例如演講、宴會、擔任評審委員之類，你可以藉由審度「做這件事對我有無利益」來判斷它值不值得占用你今天的寶貴時間。

這種像記帳般的時間規畫有何用處？

首先，制訂這樣的計畫再簡單不過了，你所需要的只是十到十五分鐘而已，它可以幫助你快速抓到當下行事的重心，掌握一日生活的節奏。再者，它是一種惜時如金的態度，是一種保證時間能充分利用的得力措施。

別試圖抓住所有的枝微末節

他從小到大就是個追求完美的人。

這是他成為社會新鮮人後的第一份工作，所以對自己更是嚴格，無論主管交付他什麼任務，他都付出極大的心力，力求做到最好。一天，主管丟了一個文字檔案給他，說道：「這份資料我急著用，你先列印二百份出來。」

就在他準備列印的時候，發現這份資料居然有許多錯別字，於是他耐心地將之改正。他滿心以為主管會誇獎自己，沒想到，最後卻因為沒按時把書面資料交給主管而挨了罵。最令人尷尬的是，那幾個他眼中的錯別字，其實是同行之間的專業術語，為此而鬧了笑話。

盡心盡力，是做好任何一件事情的前提。一個人如果對什麼事情都敷衍了事，懶懶散散，他成長的步伐肯定會停滯。因此，盡心盡力並沒有什麼不好，相反的，它對你的能力、知識以及經驗等方面都大有助益。然而，凡事有度。一個人如果過度將精力集中細枝末節上，長此以往，行動必定會緩慢。甚至像故事中的男孩，好心辦壞事。

你也是如此嗎？

當一件事情沒有做到自己滿意的程度，你就吃不好也睡不好，總覺得心裡有個疙瘩，很不舒服。為了確保無誤，一份財務報表你會核對幾十遍；為了保證客戶對產品滿意，你不停地打電話追問；明明能在電話裡或電子郵件中解決的問題，你非要面談；為了能讓自己看上去更精神，你在出門前花了一個小時挑選衣服。這種無時無刻拿著放大鏡檢視自己，做事力求完美的心態，促使你耗費太多的心力在別人沒那麼在乎的枝微末節上，最後拖垮自己做每一件事的預定進度。

更何況，計畫趕不上變化。

無論你想把事情做得多麼完美，那都是不可能的。這個世界每一分每一秒都在發生變化，前一刻你認為自己將事情做到趨近於完美，到了下一刻，完美的標準可能就不再一樣。這麼一想，簡直就是苛求自己做一件不可能完成的任務，浪費時間與精力。

Changing Know-How

被完美主義束縛住的時候，你可以這麼開解自己：

1 記住「期望越高，失望越大」

當你對自己越嚴苛，無法達到自我要求時，你就越容易感到沮喪。這種失敗感將澆熄你原有的一腔熱血，削弱你的自信心。當然，你不應該為了減輕心理負擔而一味的降低做事的標準，但是在不影響大局的前提下，不妨放寬心做事，營造輕鬆愉悅的氛圍，讓自己的實力可以如常發揮，提高自信心。

2 沒有萬全的準備也可以動手

沒有看完所有的考據資料，你就無法動筆寫小說；沒有相關的工作經驗，即便機會掉到你頭上，你也不敢去嘗試？這種「準備不足就會丟臉」的念頭，導致你從不輕易行事。然而，其實並沒有什麼所謂的「萬事俱備」，做任何事的最佳時機就是那麼一瞬，來了便來了，它不會乖乖地等待你做好萬全的準備才降臨。更何況世界之大，哪有真能看盡一切的那天？與其因為不敢嘗試而錯失機遇，不如邊做邊學。如此，既不耽誤自己，也能達到迅速學習成長的效用。

3 先抓骨架，再填肉

如果你在執行任務時過於糾結細節，進度極可能就此卡住不動，導致任務無法即期完成。解決的辦法就是，做任何事都先抓住大框架，再用剩下來的時間逐步添加細節以及改進。這樣，你就可以在既定的時間裡，交出一張美麗的畫卷。

其實，生命就像是一場球賽，最好的球隊也有丟分的記錄，最差的球隊也有輝煌的一刻。你的目標是盡可能讓自己的收穫多於失去的。所以，實在不必活得如此戰戰兢兢，活得如此緊繃。

當你又開始刁難自己，發現自己因為追求完美而降低做事的效能時，不妨想想這句話：「皇帝不急，急死太監。」如果交付你任務的人沒有其他要求，你又何必多做那些吃力不討好的舉動，累倒了自己呢？

〔08〕

遵循生理時鐘
計畫表要量身打造

我從不在午餐時喝咖啡，那樣會讓我一個下午都太過清醒。
——隆納．雷根

潛能開發專家安東尼．羅賓（Anthony Robbins）曾說：「世界上沒有兩個人的生物時鐘是一樣的。」

有的人天色暗下來了就犯睏，清晨四五點時的記憶力最好；有的人覺得自己夜深人靜時思緒更清晰，所以喜歡在夜間工作；還有的人是在下午五點與晚上九點左右腦力最佳。然而，正如人們經常說的，適合自己的才是最好的。你的最佳工作時段跟旁人一定也存在著差異，所以最適合旁人的時間表，不見得適合你。

既然你是蔚藍天空下的雲雀，何必非要當星空下的貓頭鷹？你要掌握自己的「黃金時間」，以最少的精力換取最大的收穫，建立一個完完全全屬於你的時間表。

充分利用每天最有效率的時間

微軟亞洲研究院院長張亞勤在接受訪問時說，他保持頭腦清醒、提高創造能力的方法是，不管多繁忙，都堅持將每天下午一點半到四點半這三個小時的「腦筋自由時間」用於思考、閱讀及寫作。他的秘書從不在這時候幫他接進任何電話。

臺灣經營之父王永慶，每天晚上九點半睡覺，午夜十二點半起床，一直到清晨六點再回去補覺。每天深夜到清晨這段時間，完全用於決策、閱讀與思考。

上面兩個例子說明，許多成功的人物都有一種特殊的時間安排計畫，我們稱之為「最佳工作時間點」。事實上，每個人的一天當中，都有一段精神狀態最佳的特定時間，大部分的成功人士都會找出自己精神狀態最好的時段，並將這時段預先保留下來，用於從事最重要、最具挑戰性的工作。

與自然界運動具有週期性一樣，人的思維、情緒和各器官運轉都有嚴格的時間節奏，人們形象地稱之為「生理時鐘」。它控制著人們的生理活動和精神活動，在日常生活中，人體中大約有四十多種生理過程都受生理時鐘支配，即使長期臥床或者在小黑屋中與世隔絕幾個月，生理活動仍照常進行，而且與正常生活的人沒有明顯差異。

如果根據你的生理時鐘確定好你的最佳時間，然後安排工作，而不是跟它作對，那麼你就能以較少的時間來取得最大的效率，而且也不會那麼快就感到累，精神集中力會更持久，失誤率也將降低。

那麼，究竟什麼時間是你的最佳時間呢？

很大程度上取決於你的用腦特點和習慣。醫學家和生理學家對很多人進行了大量的觀察和研究，根據其生理活動週期性變化的特點和規律，把人們分為「雲雀型」、「貓頭鷹型」和「混合型」。

「雲雀型」的人黎明即起，情緒高漲，思維活躍。這些人喜歡在早晨五點到八點進行最複雜的創造性勞動，如俄國文豪托爾斯泰（Lev Nikolayevich Tolstoy）、英國小說家司各特（Sir Walter Scott）也習慣於早晨寫作。

「貓頭鷹型」的人則恰恰相反，他們則是每到夜晚腦細胞便進入興奮狀態，精神飽滿，毫無倦意，這些人便樂意在晚上工作，尤其是晚上八點至深夜，他們認為這是「奇思常伴夜色來」的最佳用腦時間。「混合型」的人全天用腦效率差不多，但相對而言在上午八到十點和下午三點到五點左右效率較高。就整體人類來說，混合型人約佔百分之九十。

如果我們把效率高峰點的概念引進我們的生活，充分利用最佳時間做最重要的事，將會收到事半功倍的效果。

在時間的利用上，我們將最佳時間劃分為「內在的最佳時間」和「外在的最佳時間」。所謂「內在的最佳時間」是指一天自然的活動時間，例如早晨、中午、晚上等；而「外在的最佳時間」則是指與社會、工作相適應的時間，這些都與個人的職務、社會活動、家庭生活等有直接的關係。

「內在的最佳時間」一般以兩小時為一個階段。因此，工作中應該善用這兩個小時來發揮自己的潛能。如果最佳時間安排不當，往往會造成工作上的不愉快。

鄧太太每天在孩子上學、丈夫上班後，便感到精力充沛。於是，她很快地整理家務。但是完成家務後，想再做自己想做的事時，她就感到精力疲乏了。這就是她對「內在的最佳時間」的運用不當所致。

很顯然，鄧太太是屬於「混合型」的人。所以，當她感到精力充沛時，應該先完成自己想做的工作，等到疲倦時，再來進行零碎的家務整理，這樣在工作時間安排上比較適當。

相對於「內在的最佳時間」，「外在的最佳時間」的安排似乎更重要且困難得多。但只要在事情的處理上能夠掌握得好，其實還是很容易的。對「外在的最佳時間」的運用安排，必須同時考慮其他人的時間才能相輔相成。

例如，對一個推銷員來說，他的「外在的最佳時間」應避開別人的休息時間，以免打擾別人。換句話說，他的「外在的最佳時間」是上午八點到下午五點之間。這段時間是人們活動最頻繁的時間，從對方的角度來看，對方也是利用他「外在的最佳時間」和你一起進行工作。如果能加以適當地善用，他的推銷業務一定是理想的。

在美國曾經流傳過這麼一個笑話：第二次世界大戰，如果羅斯福（Franklin Delano Roosevelt）和邱吉爾（Sir Winston Churchill）二人的節奏一致的話，日本人可能敗得更早。

為什麼呢？因為羅斯福便是典型的「雲雀型」。二戰時，他每一想到有關攻擊日本的好構想時，馬上用國際電話把尚在倫敦甜睡中的邱吉爾叫醒。但剛睡著就被叫醒的這位英國首相，意識朦朧，根本無法發揮犀利的頭腦。

所以，為了提高做事效率，你要探索自己的生理時鐘，充分利用自己獨特的最佳時間段，同時養成在固定的時間做固定的事的習慣。那麼，你一個小時就可能完成本會耗費三小時的任務，甚至能提前完成明天的工作。這樣一想，即將開始的一天簡直就像是多賺的了！

最後，你可以把每星期的第一天視為黃金時段，處理完這星期內最重要的工作；把每個月的第一星期視為黃金時段，處理完這個月內最重要的工作。如果你做到了這一點，就搶佔了時間爭奪戰中的每一個制高點，並獲得了一支強大的時間預備隊，無論將其使用到哪一個方向，都會在那裡取得壓倒性的優勢。

因時制宜，視情況來擬定計畫

雖然你總是認為自己無暇制訂時間表，但正如哲學家史賓賽（Herbert Spencer）所言：「改變心態只需一分鐘，而這一分鐘卻能改變一整天。」花十五分鐘提前規劃，能幫助你提高生活的質量。

現在，我們來做個假設。你是一名即將參加大學學測的高三的考生，那麼，你該如何制定學習計畫，其中又應該包括哪些內容？

首先你必須做一個自我評估。距離大考還有十個月，你已經複習到什麼程度了，再依照你現階段的狀態，為學習計畫做大方向的安排。例如考試的內容大致可以分為文科與理科，於是你將一天的時間劃分為二，上午是複習文科，下午是複習數理科。

然後，每一個科目所佔用的時間肯定不是均衡的，因為每個科目你拿手的程度不一樣。如果每天有上午四個小時複習文科，在進一步分配時間的時候，比起較強的社會科，你就要多分配一點時間給較弱的英文科；如果理化比較弱的話，下午百分之六十的時間就拿來複習它，剩下百分之四十的時間拿來複習較強的數學。

在規劃好大方向之後，你要培養自己的答卷節奏。應試時每個考生的答卷速度都不一樣，未免輕易被他人影響，你必須平日反覆練習各類題型，直到掌握做各類題型所需的時間。最後，空出一點時間來調劑身心。這對考前的學生來說必不可少，很多考生就是在衝刺階段搞壞了身體，以致無法正常發揮。

這就是一份備考的計畫安排。而屬於你的時間表具體該怎麼制訂呢？

Changing Know-How

你可以根據時間的長短來進行時間表的劃分：

1 總時間表

這可以是一年的，也可以是一個月的，也就是長期的活動安排表。因為時間較長，為了避免忘記，請你將這份主要活動的時間表抄在一張大一點的卡片上，貼在書桌前方或夾在筆記本裡，這樣你的腦子就不會亂成一團了。

2 詳細周時間表

如果有「周時間表」引導，有些人能將工作處理得更好。周時間表是一張擴大的總時間表。這種時間表只要在每月開始時安排一次就行了。以下周時間表裡的固定行程：

上午六點到七點／準時起床，避免狼吞虎嚥地吃早餐（或乾脆不吃）。
下午十二點到一點／用一個小時整吃午飯（養成專心飲食的習慣）。
下午五點到六點／身體是革命的本錢，不要忽視運動對身體的益處。
七點到九點／晚餐與娛樂時間。你認真工作了一天，這是應得的報償。
九點到十點／避免熬夜，可以放鬆地閱讀，然後就寢。

3 可靈活運用的日時間表

你需要一張可攜帶的每日時間表，一張學生證大小的紙卡正合適，方便你將它放在襯衫口袋或皮夾裡，隨時查看。（智慧手機的行事曆應用程式也是不錯的選擇，但如果你常常有上課與上班時不方便隨時拿出來查看的情況，建議選擇紙卡的形式。）每晚睡覺前，看一下時間表，了解第二天要做哪些事，哪些事要先做完，哪些事不急，並有多少閒置時間，然後在一張卡片上草草寫上第二天的計畫。例如待辦的雜務、鍛煉身體、娛樂以及你想參加的其他活動。這麼做可以幫助你隨時檢視自己的狀況，靈活調整明日的事務又不會一片混亂。

最後，你要知道自己在一周內工作效率的變化情況，根據一周內效率的變化安排自己的工作；你要知道自己完成一個任務通常需要多少時間，根據自己的工作曲線安排活動。這雖然會耗費你一定的精力，但是制訂計畫時耗費的每一分鐘，都能使你在行動過程中節約十分鐘的時間。計畫每天的工作只需要占用你十分鐘左右，但這點時間能夠為你第二天的工作節約半天的時間。

〔09〕保留彈性時間 行事更有餘裕

即使工作再忙，我也會在日程裡安排運動的時間。
——黛莉亞．維寶莉

前面我們說到每個人在每天的不同時段，其精力不同，做事效率自然不同，為此應該在最佳的時段內做那些重要的事情。現在，我們要來談談，做時間安排時必須空出機動時間。

預留機動時間，是為了應付隨時可能發生的意外狀況，也是為了避免將排程太滿造成的各種不良後果。例如：覺得每天都被時鐘牽著鼻子走，越是追趕越是趕不上自己的計畫，結果任務越堆越多，行動也越來越拖拖拉拉，最後只能放棄原來制訂的時間表。所以，善於管理時間，不僅是充分利用每一分每一秒，懂得在時間表上留白亦是關鍵。

每天騰出一點「機動時間」

李颯是某公司的人力資源部的經理，長時間以來，她都將人力資源部管理得井井有條。無論是剛進公司的新人，還是老員工，他們似乎都充滿幹勁。這些員工，每天都要與各式各樣的人打交道，也都需要處理很多雜務，但他們毫無怨言。

很多高層管理者向李颯取經，想知道她是如何管理的。李颯答道：「其實，任何一個人，每天面對同樣一件工作都會覺得枯燥。所以，我給大家分配任務的時候，並不會規定一個沒得商量的『死時間』，也不會每天把大家都關在辦公室內。現在，您在我的工作區域內經常看到的只是一部分員工。另外，我還鼓勵大家交換工作，這樣也有利於大家互相勉勵。」

從李颯的管理經驗中可以發現，她是個很善於安排工作的上司。為了舒緩員工的工作壓力，她並沒有硬性規定員工必須時時待在工作區域內，也不會限制時間。員工們帶著輕鬆、愉快的心情工作，工作效率自然就會提高。

也許你是個很會規劃時間的人，會為你的每一個空餘時間都做好規劃。但你想過嗎？朋友的一通緊急電話、你生病了要看醫生或者家裡突然有親戚前來拜訪等等，都會打亂你預先規劃好的節奏。「天有不測風雲」便是這個道理，無論你怎麼樣計畫，都不可能把所有事計畫完全；無論你怎麼樣計畫，都不可能把一切安排得天衣無縫。

那你該怎麼辦？答案就是，別把排程得太滿，學會安排一些機動時間。效率專家建議人們每天至少要為自己安排一個小時的空閒時間。如果你今天預計要接待一位客戶，就在接待完客戶之後為自己留出一段空白時間，這段時間是可以靈活運用的，諸如處理檢查郵件、填寫表單等雜事，或是提前進行下一個時間必須完成的工作。這麼做的好處是，你能夠從從容容地協調當天的事務，即使做事的過程中因外力而被打斷，你也不會過於焦躁。

安排時間表的本意是協助你規劃自己的時間，如果反倒因為時間表而僵化行事，那就是本末倒置了，而且分分秒秒受時刻表拘束的生活有何樂趣呢？相較之下，如果你能夠在安排日程的時候為自己留下一些自由時間，你就會感到對自己的生活有更多的掌控，行事更加順暢。

當然，騰出「機動時間」來應付突發事件，絕不是你可以拖延與懶惰的理由。為此，你依然需要做到每日計畫，堅持執行和完成計畫。唯有如此，才能保證時間的充分和有效利用。

把握生活節奏，多留一些時間給睡眠

人的生命只有兩種狀態：運動和停止。現代社會，處於重壓下的人們每天拼命地工作，雖然周休假日能夠在家睡個懶覺，但恐怕內心也不是那麼的輕鬆淡然。持之以恆地奮鬥的確是一種良好品格，但並不意味著你要一刻不停地奔波與忙碌。只會向前猛衝，而不懂得減速緩行的人，在人生跑道的拐彎處，一定會衝出跑道，損失更多。

你的工作與休息時間是不是沒有規律，是不是常常因為手頭上的事情，不知不覺地奮戰到深夜？科學睡眠時間是晚上十點到十點半，半小時或一小時進入深度睡眠，而且午夜到淩晨三點是人體自然進入深度睡眠的最佳時間。研究證明，與經常熬夜的人相比，早睡早起的人第二天的精神百倍，他們的壓力比較小，健康程度比較高。

有個成功的企業家，他的成功歷程可謂艱辛。

他從十幾歲就開始替別人幫工，累積經驗，日日早起晚睡，似乎從沒有參加過什麼娛樂活動。他那段時日的夢想是，將來有一間屬於自己的店。

幾年後，他如願以償地開店，而且生意不錯。此時，他告誡自己，越是如此越不能放鬆，於是他仍然起早貪黑，忙得焦頭爛額。他心想：「等將來生意做大了，我就可以鬆口氣了。」

又過了幾年，他的生意果然做大了。他擁有數間大型門市，每天貨進貨出，是幾百萬元的資金在流動，因此他更不敢放手交給別人去做。他聯繫貨源、接待客戶、管理帳目……，忙得如有狼在後面追他一般。朋友實在看不下去了，就勸他：「你放一放可以嗎？好好休息一天，看看世界會不會因此有什麼巨大變化？」

他回答：「不行，我不做時，別人會做的。屆時，前面的那些大戶們我追趕不上，後面的小戶又會逼上來，放一放，我就會落在後面。」

他終於累倒了，被迫躺在病床上不能動彈，停止高速運轉的日子。這天，他看到鄰床的病人被抬進手術室再也沒回來，那個病人很年輕，不久前還跟他說自己出院後要去旅行。他看著對面空空的病床，心不由一震，頓時大徹大悟：「人由生到死，其實只是一步的事。而這一步我卻走得太過沉重。一直以來，我的名利心太重，想要的太多，然而真正得到的卻很少。如果不是這次病倒，我會一直拼到五十歲、六十歲，甚至更久。沒有娛樂，沒有休息，最後兩手空空地離開這個世界，這是一件多麼可悲的事啊！」

康復後的他彷彿換了一個人。生意還在做，只是他不那麼拼命了。他不再去追前面的大戶，也不怕後面的小戶追上來，甚至錯過一筆很有賺頭的生意也不會太在意。人們還經常可以在高爾夫球場上看到他，有時他也與家人坐飛機到外地旅遊。他終於懂得了生活的意義。

在攀登「成功」這座人生高峰的過程中，你越接近成功，越需要休息，越要積攢力量面對下一步的挑戰。

你可能認為：「我有太多的工作要做！」或是：「馬上就要交出成果，沒時間了！」於是，選擇夜以繼日地工作。然而，爭分奪秒地抓緊時間工作固然好，大展疲勞戰術卻不可取，因為缺少睡眠無疑是賠了健康又失了工作品質的愚人之道，是一種「偽努力」；你所求的不過是一時的心安，說服自己「我為了目標做了多少的付出、我有多麼地熱血」。

Changing Know-How

你可以這樣調整自己，達到勞逸結合的效用：

1 精神集中四十分鐘即可

大腦其實就像是一台電腦，如果你任它毫不休息地運轉二十四個小時，它很可能會過熱損毀。人的集中力是有限的，事實上，人的精神持續集中四十多分鐘後就容易渙散。所以，你不妨乾脆在連續工作與學習了四十分鐘後，就開啟「休眠模式」，或是泡杯咖啡，或是上個廁所，或是發呆什麼也不做，讓自己的大腦休息一下。

2 強身健體的有氧運動

不知你有沒有這樣的體驗：進行一項自己喜歡又擅長的運動，可以很快地將不良情緒拋之腦後。研究指出，每天做三十分鐘的有氧運動可以紓緩心理焦慮和緊張程度，分散對不愉快事件的注意力。另外，疲勞和疾病往往是導致人們情緒不良的重要原因，適量的運動可以消除疲勞，減少或避免各種疾病。

3 你的反應不必那麼快

當同事告訴你某一個任務很「緊迫」的時候，你先不要急急忙忙地就著手做。而是要學會問：「這件事最晚需要在什麼時候完成？」然後再評估自己手上的各種事務，安排你的日程表。

美國的石油大王約翰．洛克菲勒（John D. Rockefeller）創造了兩項驚人的紀錄：他賺到了當時全世界為數最多的財富，也活到了九十八歲。他如何做到這兩點的呢？其中一個原因是，他每天中午在辦公室裡睡半個小時午覺。他會躺在辦公室的大沙發上，此時哪怕是美國總統打來的電話，他都不接。

所以你要積極主動的休息，而非忙到疲累不堪才不支倒地。誠如俄國革命家列寧（Vladimir Lenin）所說：「不會休息的人也不會工作。」不會工作的人當然就得窮忙了。

〔10〕別給自己充裕的時間設定最後期限

目標是有期限的夢想。
——拿破崙．希爾

如果沒有對一項工作設定期限，人們就會任憑它膨脹到無法再拖延為止。

你心裡明明知道這些事情應該要做，卻遲遲沒有行動，直到非做不可的時候，才被外在壓力逼得開始動作？有的時候是因為要做的事情實在太多，從而覺得無從下手；有的時候是因為想等條件變得更成熟、等手頭的資料更詳實、等你的心情更好……等到所有這些都齊備了，你才會採取行動。

總是磨磨蹭蹭。這就是人類的本性。

所以時間太多不見得是件好事，多數的時候，它反而使人更懶散，可能還會大幅度降低效率。想要有效地避開「窮忙」的陷阱，你應該為自己的工作設定一個清楚明確的完成期限，激勵自己「現在」就採取行動！

讓非完成不可的截止日期驅動你

行為經濟學家艾瑞利（Dan Ariely）和克勞斯・韋坦布洛克（Klaus Wertenbroch）針對麻省理工學院的三組學生，進行了一項有關「設定最後期限問題」的實驗：

A組學生必須在十二周內完成三項任務，每項任務的最後期限分別為第四周、第八周和第十二周；B組學生沒有被指定每項任務完成的最後期限，只規定他們必須在課程結束時完成三項任務；C組學生被要求自行設定最後期限。

結果，設定了最後完成期限的A組學生，以及自行設定最後期限的C組學生，在任務完成率裡得分最高，沒有設定最後期限的學生則表現很糟糕。

曾經還有個案例。家長準備讓一個學習平均成績很低的學生選修最低的學分數，但兒童心理學家卻提出了完全相反的意見，專家建議讓學生多修一些課。結果出乎眾人意料，這個學生選修較多門課以後，所有的功課成績不降反升。

這其實是很簡單的道理。

當你在執行任務時，發現距離最後期限的時間還尚早，你就不會感到緊張；反之，隨著時間的迫近，你的緊張感就會增加；而臨近最後期限時，你完成任務的積極性與關注度就會完全被激發出來。

所以，為了克服惰性、避免拖拖拉拉的現象，你應該為工作設置一個盡可能短的完成期限，透過期限帶來的壓力，幫助自己產生動力、專注於當下的工作。而對於那些生涯的長遠目標和規劃，則應該進行合理的分解，並且也為這些分解後的小目標設置一個嚴格的時限，防止你在忙碌的生活中遺忘了它。

「截止期限」還點中了人們的另一處心理死穴，那就是——我們不喜歡自己的自由受到限制。

無論什麼時候，只要有人說：「你不能擁有這樣東西了。」或是：「你不能做這件事了。」結果我們得到這樣東西或做這件事的願望反而更強烈。

有一家頗有名氣的零售店，就是利用人們的這種心理來銷售他們的產品，店家在那些想清倉的商品項目欄貼上「已售」的標籤。當客人看到貼有「已售」標籤的商品時，潛意識裡就更想得到該件商品，於是客人一旦再次發現「碰巧」和已售商品很像的商品時，便會立刻把握機會買下。

無數的研究結果都表明了這一點，物以稀為貴。所以，當我們藉由設定截止日期告訴自己：「今後可能再也沒機會採取行動了。」會讓我們獲得更強大的驅動力，從而提升我們的執行力。

早在一九五五年，英國管理學家帕金森（Cyril Northcote Parkinson）就在《經濟學人》雜誌上發表了一篇小品，提到「一個任務安排了多少時間，你完成那個任務就會用到多少時間」的概念。他開頭寫道：

「一個悠閒的老太太可以花一天的時間寫一封明信片給在海邊度假的侄女。她先花一鐘頭挑選卡片，再花一鐘頭找她的老花眼鏡，然後花半個鐘頭找到侄女的地址，一鐘頭又十五分構思信的內容，最後再花二十分鐘糾結『去馬路對面的信箱寄信時到底要不要帶一把傘』。對於一個忙碌的人而言，三分鐘就能搞定的事，另一些人可能得花上一整天來苦思冥想。」

簡言之，當你可以運用的時間資源太多，你就會喪失時間感，做事懶懶散散的。所以，你要確保眼前總有一個具有約束力的最後期限。一個沒有設定截止期限的目標，不管它多麼偉大，聽起來多麼動人，你都只是說大話。

別浪費時間開無效的會議

對大部分的職場人士來說，想必一聽到開會就大傷腦筋（無論是例會，還是日常的會議），覺得自己大把的時間都浪費在毫無意義的會議上。

你可能曾有過這樣的體驗：這天下午，你又被派去參加公司的戰略會議。參加會議的同事們從三點聊到五點，結束之後你覺得自己似乎聽懂了什麼，卻又好像什麼重點也沒記住。為此，你實在是感到頭痛不已。

舉辦會議的初衷明明是好的，但為什麼常常得到這樣的開會效果呢？常見原因有：議程不明確、沒有起止時間、領導者隨意、會議目標不堅定等等。一個缺乏效果的會議，換言之，就是在浪費大家的時間。所以，並不是說開會就是在浪費時間，會議當然可以舉行，你的目標應該在於避免開一個「太隨意」的會議。

Changing Know-How

想讓會議發揮它存在的價值，你應該這麼做：

1 制訂明確的時間

當會議沒有一個明確的結束時間點，很容易就變成老太婆的裹腳布，導致參與者昏昏欲睡，無法集中精神。但也別害怕會議的時長不足以讓參與者討論出個結果，就將時間到兩個鐘頭，甚至更長時間，因為能否得到有價值的結論，是跟會議的主持人有關。如果主持人能有效地掌控參與者的發言，使參與者不偏題，那麼即使是十五分鐘的會議，也可以得到有價值的結論

2 提前讓參與者知曉會議的目的

正式開會之前，應該讓參與者清楚地知道會議目的以及想要達到什麼樣的效果。太過隨興地將人們聚在一起開會，參與者因為不知道會議目的，就容易出現「沒有想法」、以及發言缺乏見解的情形，浪費大家的時間。

如果真的無法避免事前告知，可以在白板上寫出議程的內容，同時標明重點，藉此不斷提醒參與者這個會議需要達到什麼樣的目標。

3 應該站起來發言

因為坐姿的輕鬆隨意，坐著發言很容易演變成聊天。所以輪到你發言時，你可以藉由起立發言增加專業度，提醒大家重視你的發言、保持安靜，不要將你的發言引導到其他無相關的話題上。如果參與者對你分享的觀點有疑義，可以在你結束發言後再提出。

4 不要帶筆記型電腦

如果你想保證會議在二十二分鐘內搞定，那麼就不需要帶任何無關的東西進去，筆記型電腦雖然可以幫助你快速紀錄，但也容易使你分心。你的身分是會議參與者，你所需要做的就是專心聆聽。會議中只需一個人主持、一個人記錄即可。

5 盡快發送會議記錄

如果你的會議成功地控制在二十二分鐘內，接下來，請你在第二次會議展開前，盡快將第一次的會議內容和決議發給參與者，讓參與者隨時跟上公司的決策進展。

6 一定要做會議總結

在你向大家宣佈「今天的會議到此結束」之前，請務必將會議的決議事項做一個總結。最佳的總結之一是，快速地將決議的行動事項複述一遍。例如：「那麼就請琳達負責專案報告，小蘇負責聯絡甲地的廠商，小梅將本次企劃的相關資料整理好後發給大家……。」如此加深參與者對最後決策的印象、幫助參與者了解自己的職責，進而有效地去執行。

7 視訊與電話會議應自報姓名

為了節省時間，許多人會採取視訊或電話會議的形式。此時，與會者在發言之前應自報姓名，才不會害其他參與者的一頭霧水，造成會議混亂。比方說，你的發言應該這樣展開：「我是老包。我認為……」

總而言之，會議的目的是定下決策，並且執行，所以讓參與者有「參與感」非常重要，這是促使他去執行的驅動力。而想要增加參與者的參與感，就是要在會議前將會議的目的理清、將會議進程計畫好、控制好會議的時間，讓他確切地感受到此次會議的必要性。

第3部

事半功倍的時間管理實用工具

光有計畫還不夠，
還要逐步加強你的計劃，
讓你的付出得到加倍的回饋。

〔11〕

掌握20／80時間管理法

我80％的時候吃健康食品，20％用來大吃大喝。

——米蘭達．可兒

每個人一天所做的事情中，至少有百分之八十是不重要的。

只有集中精力去完成那些值得做的事情，才能提升行動的價值。十九世紀末和二十世紀初的義大利經濟學家維弗雷多．柏拉圖（Vilfredo Federico Damaso Pareto）提出自己的觀察：「百分之二十的人口擁有百分之八十的財產。」後來被引用與概括為20／80法則，意即在任何群體之中，重要的因數通常只占少數，而不重要的因數則占多數，因此只要能控制具有重要性的百分之二十（少數），就能解決剩餘的百分之八十（多數）。

舉例來說，某位演員可能拍過許多部電影，但廣為人們所知的，就是那屈指可數的經典角色；某位歌手的暢銷專輯裡，主打的其實只是其中的一兩首歌。

風靡美國的燒烤快餐店Chipotle Mexican Grill是近年來發展最快、利潤最高的快餐店之一，午餐時間更是大排長龍，因此對他們而言，效率就非常的重要。你會發現他們菜單上的選項非常少，只做墨西哥肉卷，而且在店門口提供點餐三步驟。這麼做，對內不僅為他們省去了許多培訓員工的時間，對外能讓顧客能夠迅速進入狀況。

從以上的例子中，你可以得到一個結論：在你的工作中，佔據重要位置和能夠起到重要作用的也是少數。

因此，最省力的做事方法就是，在可以利用的時間裡盡最大努力去工作，在最重要的事情上竭盡全力。如果你學會利用最高效的時間，只要付出百分之二十的努力，就能產生百分之八十的效率；相對來說，如果你使用最低效的時間，那百分之八十的時間付出，換來的不過是百分之二十成效。

這麼看來，只有愚人才在不重要的事情上浪費精力。

你是學生，在考前複習時，就要將考試的內容歸類，找出必考的概念與重點，將之做成簡易的筆記，以求複習時一目了然；找出必考且所佔比例最重的題型，並且著重反覆練習。絕對不要從第一頁課本看起，這麼做只會出現耗費百分之八十的時間複習，結果只記得課本前百分之二十的知識。

你是老闆、管理者，那麼更無須事必躬親，只要將重要大事做好即可。例如分析公司每個季度的投資回報率，找出對你的生意最有貢獻的客戶，花相對的時間和精力和這些大客戶溝通，保證他們對你的公司感到滿意。

你是書籍編輯，在撰寫企劃時，不妨調查既往的書籍市場，找出讀者較感興趣的題材，開發重點書籍，以最省力的方式達到你要的績效。

……

簡言之，運用百分之二十的時間和精力，你就能得到令人矚目的回報。畢竟，一個人的時間和精力都是非常有限的，要想真正「做好每一件事情」幾乎是不可能的，與其不切實際地幻想自己能夠面面俱到，還不如重點突破，把百分之八十的資源花在能得到巨大效益的關鍵事務上，讓這百分之二十的事務帶動其餘百分之八十的發展。

Changing Know-How

你可以這麼運用20／80法則：

1 強化可以幫助你實現目標的重點

你的目標是推廣新的產品，根據如今的行銷效益，利用社交網站曝光產品，就比實體店面的宣傳海報重要；你的目標是減重並保持身材，運動就比節食還要重要。

2 提升自我價值

想要提升自己在一個團體中存在的價值，就是讓自己無法取代。要做到這點，你就要分析團體成員與自己的優缺點，著重發展自己的相對優勢。例如：你的同事擅長A事務，B事務次之，而你在A事務與B事務方面的能力是持平，那你就應該開發自己處理B事務的能力，增加自己的影響力。

3 找出自己做事最有效率的時段

假如你的大腦在早上五點到八點時最清醒，那就在此時段做對你而言最重要與困難的事情；你在下午兩點到三點精神最差，那就在此時段休憩或做些不是那麼重要的事情。

4 將常會用到的東西擺在最容易得手的地方

定期整理你的書桌，看看有哪些參考書是你最常使用到的，並且將它放在隨手可得的地方，避免壓在一疊書之下，讓你想使用時還得找半天。衣櫥也是一樣的道理，冬季與夏季衣物分開，並且應時節掛在最容易拿到的位置，減少出門前翻找的時間。至於那些穿過一兩次就再也沒穿過的衣物，不如就捐給慈善機構吧。

「學會在幾件真正重要的事情上力爭上游，而不是在每件事情上都爭取有上乘表現的人，可以使他們自己的生活發生根本的變化。」

當你覺得旁人似乎沒有因為你的付出而更重視你，那麼你就要檢討自己是不是將努力浪費無法為你帶來效益的事務上，導致徒勞無功。你要調整自己的狀態，找出哪些事情較值得做，哪些事情較不值得，畢竟，那些不值得做的事情完成得再多，也不會為你帶來成功。

〔12〕目標分級時間分段 ABC優先順序法

射人先射馬，擒賊先擒王。

——杜甫

你已經非常清楚，管理時間的最終目的是有效地運用時間、提高做事效率，而不是把什麼事情都做完；你在安排一天的計畫時，應該根據其重要性，事先進行排序和劃分。而設定優先順序的方式有很多種，美國管理專家拉凱恩（Alan Lakein）另外提出了「ABC」優先順序法。

首先，為了提高時間的利用率，你需要確定今後五年、今後半年以及現階段要達到的目標。然後將各階段的目標再劃分為A、B、C三個等級，A級為必定得完成的目標，B級為很想完成的目標，C級為不太重要且可以暫時擱置的目標。

同樣，對於你每天所面臨的事情，你也可以根據這一方法來劃分。如果從能有效達成的角度去看，那麼任務A占一日任務裡的百分之十五，但所產生的效能卻能達到百分之六十五；反之，C級任務占到百分之六十五，卻只能產生百分之十五的效能；剩下百分之二十的任務和效能都可以劃歸到B級任務中。

相信你也就能明白，為什麼一家企業經理以上的領導者只占少數，但這些領導者卻決定了多數的事情，而基層員工雖然佔大多數，但所做工作的價值卻很小。

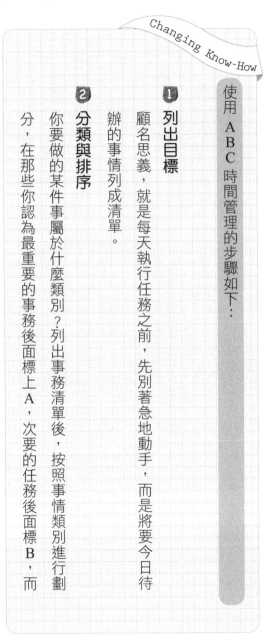

Changing Know-How

使用ABC時間管理的步驟如下：

1 列出目標

顧名思義，就是每天執行任務之前，先別著急地動手，而是將要今日待辦的事情列成清單。

2 分類與排序

你要做的某件事屬於什麼類別？列出事務清單後，按照事情類別進行劃分，在那些你認為最重要的事務後面標上A，次要的任務後面標B，而最為不重要的後面寫C。

3 分配時間

今日裡，你應該先排出A級任務的日程表及時間分配情況，再接著是B級和C級的任務。另外，你可以進一步將已經劃分好的A、B、C級任務細分，例如將A級任務分解為A_1、A_2、A_3。這是因為你每項任務的時間有限，而且任務裡各種細項的緊迫性也未必相同。

4 記錄每一級任務消耗的時間

在為今日的待辦事務分級時，你可能會產生疑問：「我的判斷就一定正確嗎？」解決這個疑問的最佳方式就是，事後再對照自己的標注與實際上的成果是否相符，評價時間應用情況，這樣就可以逐漸加強你的判斷力，提高自己有效利用時間的技能。

當然，重要性與緊急性也是相對且主觀的。此時，你可能覺得某件事很重要而將其劃在A級內，但隨後你就發現它其實沒那麼重要，那麼你很可能就會將其改為

Ｂ級。這都沒有關係，並不是一定要依照最初的劃分來行事，因為做決定的人始終是你，你隨時可以調整任務的劃分級數，只要能保證自己始終在做最重要的事，將當前的時間效益最大化。

舉例來說，假設你是一位十歲男孩的母親。當你得知他的成績不好時，你先是花五分鐘來思考這件事，接著再花將近一個小時來思考如何提高他的成績。但你完全忽略了，你可以從他的老師那裡得到更好的建議。這就是時間的浪費。

總之，你需要明白的是，如果在價值不高的任務上投入太多精力是毫無意義的。只有那些比較重要的任務才值得你付出更多努力。你應該像對待土地、礦產、資金與人才一樣，做好時間的使用規劃，以期大幅地提升做事的效能。

〔12〕按重要和緊急交叉劃分時間四象限法

你可以做任何事，但不能做所有事。

——大衛．艾倫

在傳統的時間管理觀念裡，劃分時間的標準是事情的緊急程度，最緊急的事情擺到第一位。接著，就會出現一種奇怪的現象，有些人好像每天都在處理急事，也就是四處「救火」。在他們看來，自己做了許多相當有價值的事，所以感到很有成就感。然而他們不知道的是，這種行事之道的成效其實不如他們想像得多。

即便是緊急的事，也有重要與不重要的區分，有可做與可不做的差別。如果人們將寶貴的時間都浪費在那些「不重要且也可不做」的緊急事件上，那麼即使二十四小時不休息，亦是毫無所成。

於是，美國管理學專家柯維（Stephen Covey）提出了「時間四象限法」。他將工作進行更細的劃分，分為四個象限：既緊急又重要、重要但不緊急、緊急但不重要、既不緊急也不重要。

按處理順序劃分：先是既緊急又重要的，接著是重要但不緊急的，再到緊急但不重要的，最後才是既不緊急也不重要的。

在「四象限」法的運用中，我們最需要注意的是第二類和第三類的順序問題，很容易混淆。另外，也要注意劃分好第一和第三類事，都是緊急的，分別就在於前者能帶來價值，實現某種重要目標，而後者不能。

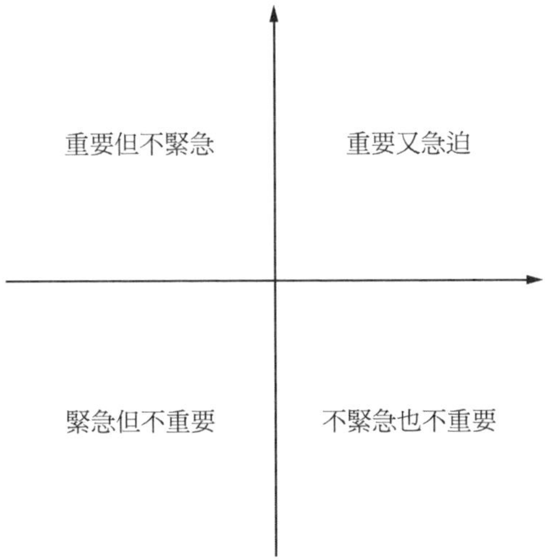

接下來，我們對這一方法進行更為細緻的了解和分析。

第一象限是重要又急迫的事：這類事情有客戶投訴、即將到期的任務、財務危機、治病求醫等。這類事情，一般來說，也是不易處理的，考驗的是我們的經驗、判斷能力和應變能力。如果拖延的話，那麼，事情就有可能變得更難處理甚至無法處理。

第二象限是重要但不緊急的事：這類事情有工作規劃、問題的預防和發覺、參加學習等，如果將這個領域荒廢，就有可能導致事情逐漸移至第一象限，使得我們的工作壓力加大，甚至無法挽回。事實上，很多重要又緊急的事都是經過了這樣一個量變的過程。只有做好事先的規劃、準備及預防措施，才能避免很多急事的產生。

第三象限是緊急但不重要的事：這裡，最需要注意的是一定要與第一象限區分開。你可能會產生錯覺，認為這一象限的事也很「重要」，其實這只是別人的重要的，而不是你的。電話鈴聲、不速之客、部門會議都屬於這一象限。很多時候，人們為這些事忙得焦頭爛額，卻只是一直在為別人「效勞」。

第四象限屬於不緊急也不重要的事：從某種程度來講，一個人要是總為這些事忙碌，那就是浪費生命了。比如上網、閒談、郵件、PO文等等。實際上，這類活動並不是愉悅身心的休閒活動，反而會讓人們感到空虛。

經過對四個象限的了解，現在你不妨回顧一下上周的生活與工作，你在哪個象限花的時間最多？請注意，在劃分第一和第三象限時要特別小心，急迫的事很容易被誤認為是重要的事。其實二者的區別就在於這件事是否有助於完成某種重要的目標，如果答案是否定的，便應歸入第三象限。

生活中的人們，你是否經常感覺到自己天天忙，並且忙得毫無頭緒？那麼，請認真領會時間管理的四象限法，它會讓你的工作變得高效，工作不再是負擔。

〔14〕

實施生命緊迫法

最危險的浪費，是我們沒有意識到的浪費。

——新鄉重夫

我們常常覺得那些目標離自己太遠，就是因為缺乏時間的緊迫性。

我們先來做個假設，有兩個年輕人，他們的能力不相上下，都一無所有。一個年輕人目標明確，總是積極向上，每天幹勁十足，努力充實自己；另外一個年輕人，他目標模糊，滿足於現狀，每天渾渾噩噩、得過且過。想像一下，五年後，他們會有什麼不同？

儘管只是五年的時間，他們的差距已經顯現出來了。前者通過自己的奮鬥，已經小有財富，做人辦事順風順水，事業越做越大、春風得意，而後者，稍微遇到一些問題，便慨歎自己解決不了，每天活在抱怨中，常常為生計、金錢而苦惱。

這兩種人，你想做哪種？

想做第一種人的前提是，為自己找到一個準確的人生定位。因此，效率專家建議，當你對生活感到迷茫時，不妨使用「生命緊迫法」，透過以下三個步驟來尋找人生方向。

步驟一，寫出你的人生目標（限時十五分鐘）。

準備一支筆、幾張紙和一隻錶，先在紙的最上端寫下問題「我的人生目標到底是什麼？」

不同的人生階段有不同的目標，所以你可以將人生目標視為自己當前看待人生的方式和視角。接下來，你花上兩分鐘的時間列出所有的答案。例如：談一場戀愛、攀登聖母峰、環遊世界等等。即便是列出一些在別人看來是幻想的事也沒關係，因為有目標和夢想總是好事，你也不需要為這些想法負責。但切記，你也應該寫下一些具體的目標，例如：你能為家庭、為社會做出什麼貢獻，以及在經濟和精神層面的目標等等。

然後你可以多給自己兩分鐘，對剛才列出的清單進行必要的修改，達到讓自己感到滿意的水準。如果仔細反省一下現在的生活模式，你或許能增添一兩條內容，比如，你在工作之外還有大把的業餘時間，如果拿來為自己充電的話，是不是對未來的職業前景更有幫助？如果你有閱讀報紙的習慣，那說明你希望了解時事資訊，並希望從中找到樂趣。

步驟二，將目標時限縮短，接下來的三年，你將如何度過？

在第一步中，你寫的那些目標可能是空泛且沒有實際意義的，例如：獲得幸福、取得成功、有所成就、贏得愛情以及為社會做些貢獻等等。所以，在列出這些目標之後，你可以再問自己：「我將如何度過以後三年時間？」

如果你的年齡已經超過三十歲，建議你把三年改成五年。此時，你是不是覺得奮鬥的時間更少了，是否會產生一種緊迫感？同樣，先給自己兩分鐘時間，儘量列出所有可能的答案，然後再給自己兩分鐘，對已經給出的答案進行補充。

步驟三，假如只剩六個月呢？

現在你可以從一個不同的角度寫下第三個問題：「如果自己得了重病，只剩下半年的時間了，那麼，這六個月你又該怎麼安排？」

此時，想必你一定希望完成最重要的事。不過，在開始列出清單之前，要儘量讓自己相信所有與死亡相關的問題都已經得到解決，例如，你已經簽完了自己的遺囑，為自己選好了墓地等等。所以在回答這個問題的時候，你所有的答案都應當集中在這六個月當中。

這個問題的目的在於說明你找出那些對你非常重要，可你現在卻並沒有著手去做的事情，或者是那些你應當在今後六個月裡關注的事情。你可以繼續像現在這樣生活；或者，如果你足夠富有，你可以辭掉現在的工作，用自己的積蓄過完今後的六個月。你會怎麼做呢？在兩分鐘時間裡盡快寫出答案，然後再用兩分鐘時間修改你的答案。

如果你到現在還沒動手，建議你立即從第一個問題開始。這是一項重要的練習，它將會讓你受益無窮。

〔15〕收集、處理、計畫、行動、回顧

重要的不是你工作了多少時間，
而是你做出了多少成績。
——鮑勃·珀森

你是否在為天天加班而苦惱？是不是發現郵箱的未讀郵件已經爆滿？時間管理達人公認最簡單有效的「GTD時間管理法則」，可以幫助你梳理出清晰可見的時間脈絡，順利馴服八小時工作時間。

你的精力是有限的，你的大腦也是用來思考的，而不是記事。如果眼前的事情多成了一團亂麻，往往會消耗你大量的精力，造成巨大的精神壓力。

GTD是Getting Things Done的縮寫，就是通過五步管理，不斷地將自己的物品進行分類，透過對物品的管理來達到管理時間、提高工作效率的目的。

GTD分為五個經典步驟：收集、處理、計畫、行動、回顧。接下來，我們

看看具體的操作方法。

一、收集。

首先，閉上眼睛，冥想一下，有哪些需要你解決的事。在你的腦海中，可能有很多一閃而過的念頭，請立即寫下來，這些讓你不安的事情可能來自很多方面，比如愛情、生活、工作等，所有的事情都糾纏在一起，讓你的八小時缺少效率，甚至在八小時之外，你還為這些事揪心。

二、處理。

在你寫出來的很多事情裡，有不少能輕鬆解決的，比如「給小王打電話，預約下週三的會面」或「通知妻子晚上準備什麼類型的晚餐」，再或者是「馬上電郵給老闆上半年的工作總結報告。」這些事情儘管不難，卻長久地佔據你的腦細胞，掩蓋了那些真正需要處理的問題，你可以花兩分鐘時間儘快處理。

三、計畫。

接下來，你需要考慮的是那些會佔用你兩分鐘以上時間的事，還有那些需要更繁雜的步驟來完成的事，在大腦裡做個備案吧，你到底需要多少翔實的計畫呢？這些事之所以讓你困擾，是因為你沒對其做好進一步的規劃和措施，讓你缺乏自信，或者你對這件事的預期效果沒有信心。因此，你才會感到心虛。事實上，你只需要列出一個清單，概括出預期的效果以及各階段的行動步驟，就足以把這些煩惱從你的大腦中清除了。

四、行動。

對你的工作任務進行劃分，把那些能交給別人處理的任務分出去，做那些更重要的事。而且，你要做到專注，一次只做一件事，把那些能借用工具完成的任務，統統交給工具吧。

五、回顧。

回顧你的日程表和任務清單。根據GTD時間管理方法的步驟，時間管理專家為我們提出以下九種工作方法：

第一，對你的工作檯面乃至電腦桌面簡單整理，並定時歸納整理。

第二，寫下你一天要完成的重要工作，先從最重要的那項開始做起，持續地做下去，直到做完或因等待某些資源而阻塞為止，然後著手第二項工作。

第三，早上到達公司的第一件事，就是要先看這一天的工作清單，並將這些清單分三類，即「一定要做」，「應該做」，「能做最好」。每完成一項任務，就劃掉一項，這樣做，能讓你提升自豪感和成就感。

第四，減少檢查郵件的次數，即使你手頭任務已經完成，也不要習慣性地打開收件箱；另外，你還需要每天定時檢視收件箱，分類處理郵件，清空收件箱。

第五，要學會休息，不要以為忙就有效率。中午的午休非常寶貴，請一定休息，這樣下午的工作將非常高效。

第六，找出可以指派他人做的任務，建立資料夾，並注明時間等情況。

第七，找到那些需要你親自處理的工作、檔等，上班時，將這些問題從資料夾中調出來，然後一個個處理，並歸檔。

第八，為將來要處理的某些事建立目錄，例如週三下午四點和ＸＸ開會討論ＹＹ事情。一般用日曆也能搞定。該目錄下的工作，必須是不能提前處理的，並且要與那些不需要親自處理的工作區分開。

第九，建立「歸檔」目錄，存放已經處理的工作。該目錄可以細分為更小的子目錄，按類歸檔，方便查找。

總之，時間管理不是追求在一個小時內多做三五件事情。工作是做不完的。GTD管理方法能讓我們在有限的時間內，創造盡可能大的價值。

〔16〕

美好時代科技始於人性

光是勤勞是不夠的，螞蟻們也很忙。關鍵是你為什麼而忙？
——亨利．大衛．梭羅

我們周圍的大多數人，都已經認識到時間的緊迫。我們要兼顧工作和生活，還要面臨激烈的職場和社會競爭。於是，為了提高效率，很多人都有一套自己的時間管理方法和管理工具。

你是不是有這樣的習慣：晚上睡覺前，你會把第二天要採購的物品貼在冰箱上，或者為了讓全家人吃到更特別的食物而在電腦上搜尋那些食譜，再或者為了一份檔而親自跑去客戶公司……這些方法並沒有錯，但有時候不但沒有幫助我們做好時間管理，反而浪費了時間。

隨著時代的進步，善於做時間管理的人已經學會了使用高科技工具來協助自己工作。我們先來看下面的故事：

維羅妮卡和凱文是已到中年的一對夫妻，凱文在一家機械廠當工人，幾乎都是在夜裡上班，而維羅妮卡除了是一名化妝品直銷代表外，還是一個女性心理輔導團體的負責人。他們有兩個孩子，一個十五歲，一個十歲，都在學校上學。

凱文經常抱怨自己太累了，夜班十二個小時實在不是人做的工作，黑白顛倒了，生活沒有趣味，自己的時間一點也沒有了。而維羅妮卡則很生氣，因為她的丈夫是個健忘的人。

維羅妮卡說：「我覺得自己老得在後面催著他，他說行行行，然後又忘記了，我只能再說一遍，這種感覺很不好。」

每天早上，當維羅妮卡和孩子們一起床，家裡就開始亂哄哄的，維羅妮卡要為孩子們準備早餐，整理書包，還要幫丈夫洗夜班換下來的衣服，然後為丈夫設定鬧鐘，提醒他起來吃飯；接著她還要自己梳洗、化妝，再送孩子們出門……。一早上實在太忙了。

後來，維羅妮卡經一個同事推薦，使用了一個共用的線上家庭管理系統，可以作為日曆、記事本和通訊工具；另外，維羅妮卡使用一個日用品購買軟體。她說：「每天傍晚下班的時候，線上超市的人會把已經買好的東西送過來，這種感覺實在太好了，我現在也可以同時做幾件事，還能更好地享受家庭生活。」

他們的大兒子說，他媽媽用了這些工具後嘮叨少了，讓全家人有更多的時間談論彼此生活中發生的事情。

現在，維羅妮卡和孩子們每天晚上睡覺前都會在電腦上查看日曆，看第二天有什麼任務和活動要做。當然，他們每個人都有自己的日曆，上面只顯示與自己相關的資訊。

維羅妮卡說，自從用了日程提醒程式後，她和丈夫的婚姻似乎也減少了壓力。曾經有一次，她明明在早上出門前提醒丈夫替她去接孩子放學，但是凱文還是忘了，這把維羅妮卡氣壞了。但現在就不同了，這項程式會在任務開始之前一個小時就自動發短信去提醒凱文該做什麼了。凱文也說，自己的記憶力好像都變好了。

貝希是維羅妮卡的好朋友，她在德克薩斯州買了一座大房子，她的丈夫在外工作，她的主要精力就都放在了孩子和丈夫的飲食上，但這也是她最頭疼的問題。在得到了維羅妮卡的推薦後，最近，她注意到一個食譜規劃網站，上面不但有各種菜式的介紹，還有其他主婦們的心得。

從前，她每週要花兩小時流覽各種網站和美食書籍，尋找晚餐的靈感。而這個網站能能生成整整一周的食品採購清單，這使她每週花在準備做飯上的時間減少到十五分鐘。

看完維羅妮卡一家的生活經歷後，你是否也有這樣的衝動——撕掉冰箱上的便利貼？我們是高科技社會的人，理應成為高科技應用程式的受益人，它可以幫助我們從管理時間之苦中解脫，讓我們更好地控制生活。

不知你有沒有發現，我們似乎總是有一大堆事情要辦，白天的時間永遠都不夠，那又為何不嘗試運用新的高科技手段來對自己的時間進行管理呢？

如果你是個老古板，不妨試試透過視頻與你的主管進行工作溝通，通過烹飪網站幫你做出更美味的食物，不妨讓線上共用日曆幫你做出更人性化的安排。也有一些人提出質疑，他們稱透過科技手段來管理家庭生活會有把每個人變成機器人的風險，但我們不得不說，對大多數的上班族們來說，高科技工具讓他們感覺更自如。

第4部

減少浪費！利用相對優勢找到更多的時間

正如詩人歌德所說：「聰明人，就是在任何情況下都能找到自己的優勢之人。」你何不借助他人之力來為自己節省時間？

〔17〕能者未必要多勞 善用合作的力量

來，拿把椅子，加入我們一起吃，生活真的很美味！

——露絲．雷克爾

在職場，有些人在工作上喜歡獨來獨往，標新立異，以為這是證明自己工作能力的方法，但單打獨鬥太費精力，他們也很難將工作做好，另外，他們也被其他同事孤立起來了。事實上，一個員工，只有充分融入整個團隊之中，才能充分發揮自己的能力，創造最大的價值。

在職場獨來獨往反而吃虧

所謂團隊，並不是幾個或者許多人簡單地集合在一起，而是一個有組織、有管理、有共同目標的結合。只有將自己很好地融入團隊，努力發揮自己對團隊有用的一面，收起某些有損團隊利益的行為，才能真正實現成功。因為團隊是個人成長和發展的基石，更是獲得機會的重要保證。團隊是個人的成功之源，當個人離開了團隊，無疑成了無源之水，無根之木。

而這，就要求我們融入所在的團隊，在團隊所有成員的共同協作下，最大限度地發揮自己的智慧。也就是說，融入和諧團隊，我們才能如魚得水。

身處職場，我們必須要對合作引起重視，並把合作的意識運用到日常的工作中。有句名言說：「要想一滴水永不乾涸，唯一的辦法就是將它放入大海。」一個員工，只有充分融入整個團隊之中，才能充分發揮自己的能力，創造最大的價值。

我們工作的環境中，年輕一代似乎更容易成為獨行俠，他們是「蜜罐裡泡大的一代」，面對從「孩子」到「大人」的轉變，面對從「學生」到「職業人」的身份轉變，可能有一些人會覺得無所適從，難以適應新身份，漸漸地變得孤僻起來，只活在自己的小圈子裡。而作為職業人，「獨行俠」顯然是不受歡迎的，因此，有這方面困擾的朋友應該端正心態，處理好同事間的人際關係，擺脫「獨行俠」形象。

另外，在氣氛不安的環境下，我們可能也無法擁有工作熱情，從這一點出發，我們也有必要與同事搞好關係。

可見，無論是從企業還是自身工作效率的角度看，我們都不能做職場獨行俠。

Changing Know-How

職場人士如何避免做獨行俠呢？

1 **交流是擁有良好的人際關係的基礎**

良好的人際關係始於相互的了解，而了解來源於溝通，嘗試著走出第一步，主動與人談談話、聊聊天，討論某些問題，交換一些意見是十分必要的。

2 **給別人了解你的機會，避免不必要的誤會**

你可以坦率一點，告訴別人你的性格、為人原則，讓別人知道你是怎樣一個人。這樣，別人就會知道你的作風，而不會勉為其難地要你做你不願做的事，而你也不會因經常需要拒絕別人的要求而影響彼此間的人際關係了。

3 學會關心別人，求助他人

如果你期望被人關心和喜愛，首先得關心別人和喜愛別人。關心別人，幫助別人克服了困難，不僅可以贏得別人的尊重和喜愛，而且，由於你的關心引起了別人的積極反應，也會給你帶來滿足感，並增強了你與人交往的自信心。除了關心別人以外，有了困難你要學會向別人求助，因為別人幫助你克服了困難，你的心理當然就會從緊張轉為輕鬆，這不僅使你懂得了與人交往的重要性；而且由於你誠摯的致謝，別人也會感到愉快，這就溝通了人與人之間的情感交流。

4 破除偏見，認識他人

人在評價別人時難免帶有主觀印象，結果常常因此而「失真」。比方說，人們常常根據對方的一些個人資料（如籍貫、職業等）來推斷此人的性格，認為會計總是斤斤計較、小氣萬分的。這種錯誤的人際知覺，當然使你難於與人和睦相處。因此，只要你能認識到這些人際知覺中的偏見，並不為之所囿，你就能合群了。

5 學習交際技能，處理職場人際關係

如果你在與人交往時總是失敗，由此而引起的消極情緒當然會影響你的合群性格。如果你能多學習一點交往的藝術，自當有助於交往的成功。例如，多掌握幾種文體活動技能，如打球之類，你會發現自己在許多場合都會成為受別人歡迎的人。

也許你認為自己是個耿直、不善言辭的人，也許你認為自己做不到面面俱到、八面玲瓏，也許你做不到長袖善舞，但是你至少可以做到，給每一個迎面而來的同事一個善意的微笑，給每一個正在說話的同事一個傾聽的姿態，給每一個幫助了你的同事一句誠懇的「謝謝」。

也許你是個更喜歡獨處的人，也許你不喜歡參與同事之間的娛樂活動，但是你不能總是拒絕參加公司的活動，你不能拒絕每一次同事關於一起用餐的邀約。你可以不用每一次都出席，但一定要把握適當的比例，該參加的活動哪怕再不情願，也一定要出現，即使是在半途的時候找個藉口離開也比你永遠缺席來得好。而當你處

在熱鬧的聚會中時，如果不想說話，那麼請一定記得要微笑和傾聽。

總之，職場不需要獨行俠，一定要牢記，你是這個工作團隊的一分子，你不是一個人！

多與人合作讓事情更輕鬆

每年的秋天，我們都會看到這樣一幅綺麗、壯觀的畫面：

一群大雁結隊往南飛，它們一會兒排成「人」字，一會排成「一」字，這陣容著實可與空軍演習相媲美。

為什麼大雁南飛會有如此陣容呢？學者們從社會學的角度對大雁展開了研究，研究結果發現，大雁群體具有很強的團隊意識：相同的目標，明確的分工，協調的合作，有序的競爭，恰當的組合，寬闊的胸懷，無私的奉獻。

團結就有力量，合作產生效益，更重要的是，優勢互補、與人合作能提高做事效率，節省時間，壯大自身力量，在時間就是金錢和生命的現代社會，真正聰明的人都懂得與人合作的好處。

成功學大師拿破崙．希爾（Napoleon Hill）曾認為，「集思廣益」是人類最了不起的能耐，不但可以創造奇跡，開闢前所未有的新天地，還能激發人類最大的潛能。常見的情況是，人們在思想的交流與碰撞中，一次就有可能產生獨自一人十次才能完成的思考和聯想。

這方面成功的例子是足球場上的德國隊。

德國球員就像軍人，紀律嚴明，謹慎細緻，不管是在落後、領先、僵持的各種情況下，總是保持著統一的基調，按部就班地尋找機會，不到最後一刻絕對不放棄比賽。英格蘭著名先鋒萊因克爾（Gary Winston Lineker）曾說過：「足球就是十一人對十一人的運動，最後取得勝利的總是德國人。」

荷蘭球員克魯依夫（Johan Cruijff）也這麼說過：「都說荷蘭飛人，但是真正能跑的是德國人，他們簡直可以不停地以一個頻率奔跑。」這兩位都曾經是德國隊的有力對手。靠團隊協調，德國隊屢屢創造驕人戰績。

在一個出色的足球隊中，每個球員並不一定都是最優秀的，但這個足球隊的搭配和組合一定最優秀。

單絲不成線，獨木不成林，任何大事都是由眾人合作完成的。學會與人合作，能幫助我們節省精力，縮短做事時間，保證做事效率。當然，人與人的合作不是人力的簡單相加，而是要複雜微妙得多，人與人很像方向各異的能量，相互推動時事半功倍，相互抵觸時則一事無成。

Changing Know-How

想要順利的與他人合作，你必須注意以下幾點：

1 信任你的夥伴

既然選擇合作，我們就要相信自己的夥伴，相信他們能夠與你協調一致，相信他們會理解你，支持你。如果彼此相互猜忌、互不信任，那麼分工就不可能，因為總有一些任務依賴於別的任務；同時猜忌的氣氛讓每一個人都不能全心投入到工作中去，也不利於工作能力的發揮。

2 要努力形成自己的優勢

博弈論還告訴我們，人們更願意選擇與自己實力相當者合作。因此，我們只有為自己充電，形成自己的優勢，才能選擇更優秀的合作者。另外，只有具備自己的優勢，才能與合作者形成優勢的互補，那麼，你們所形成的團隊的競爭力也就越強，成功的希望也越大。

3 學會有效的溝通

心理學家還認為，溝通的缺乏也是人們選擇競爭的一個重要原因。如果雙方曾經就利益分配問題進行商量，達成共識，合作的可能性就會大大增加。溝通是傳達、是傾聽、是協調，也是一個團隊和諧有序的潤滑劑。

在行銷學裡有一個「二五〇定律」，是美國著名推銷員喬．吉拉德（Joseph Samuel Gerard）總結出來的。他認為每一位顧客身後大約有兩百五十名親朋好友，如果你贏得了一位顧客的好感，就意味著贏得了兩百五十個人的好感；反之，如果你得罪了一名顧客，也就意味著得罪了兩百五十名顧客。銷售人員與顧客的交往如此，人與人之間的溝通也如此。所以，認真對待你身邊的每一個人，尤其是你的合作夥伴，會讓你贏得信任，讓生活充滿熱情，讓工作更有效率。

總之，社會總是會有競爭，但是我們也該學會與人合作，只要抱著「我好，你好」的雙贏態度，按照這個原則去處理人際關係，將會獲得最理想的結果。

〔18〕借力、使力、不費力

做家務不會讓你死，但為什麼一定要去自己做呢？

——菲里斯．迪勒

太極的精髓在於「借力打力」、「四兩撥千斤」、「以柔克剛」，懂得借助他人力量和智慧的人，做事效率更高，取得的成就常常會超越他人。牛頓（Sir Isaac Newton）曾說：「如果說我比別人看得更遠些，那是因為我站在了巨人的肩上。」一個懂得借力的人，總是能發現有利於自身發展的有利資源和捷徑，並為自己開拓更為廣闊的天地。

學會借用他人的智慧和力量

狐假虎威的故事就說明了這一點。

從前在某個山洞中有一隻老虎，因為肚子餓了，便跑到外面尋覓食物。當牠走到一片茂密的森林時，忽然看到前面有隻狐狸正在散步。牠覺得這正是個千載難逢的好機會，於是便一躍身撲過去，毫不費力地將狐狸擒來。可是當牠張開嘴巴，正準備把那隻狐狸吃進肚子裡的時候，狡黠的狐狸突然說話了：「哼！你不要以為自己是百獸之王，便敢將我吞食掉；你要知道，天地已經命令我為王中之王，無論誰吃了我，都將遭到天地極嚴厲的制裁與懲罰。」

老虎聽了狐狸的話，半信半疑，可是，當牠轉過頭去，看到狐狸那副傲慢鎮定的樣子，心裡不覺一驚。原先那股囂張的氣焰和盛氣淩人的態勢，竟不知何時已經消失了大半。雖然如此，牠心中仍然在想：「我因為是百獸之王，所以天底下任何野獸見了我都會害怕。而牠，竟然是奉天帝之命來統治我們的？」

這時，狐狸見老虎遲疑著不敢吃牠，知道牠對自己的那一番說辭已經有幾分相信了，於是便更加神氣十足地挺起胸膛，然後指著老虎的鼻子說：「怎麼，難道你不相信我說的話嗎？那麼你現在就跟我來，走在我後面，看看所有野獸見了我，是不是都嚇得魂不附體，抱頭鼠竄。」老虎覺得這個主意不錯，便照著去做了。

於是，狐狸就大模大樣地在前面開路，而老虎則小心翼翼地在後面跟著。牠們走了沒多久，就隱約看見森林的深處，有許多小動物正在那兒爭相覓食，但是當牠們發現走在狐狸後面的老虎時，不禁大驚失色，狂奔四散。

這時，狐狸很得意地掉過頭去看看老虎。老虎目睹這種情形，不禁也有一些心驚膽戰，但牠並不知道野獸怕的是自己，而以為牠們真是怕狐狸呢。

這裡，我們先不評價狐狸的行為恰當與否，不可否認的是，狐狸是聰明的。牠之所以能得逞，是因為牠假借了老虎的威風。

可以說，一個有遠見卓識的人必定也是個善於管理時間的人，在周圍的人際關係處理中，他們常常善於發現他人身上的長處，並能夠加以利用，協調各方之間的關係，讓他人為我所用，借助外力，實現自己的目標。

現代社會，借力生力無疑是避免走彎路、直取成功果實的途徑之一。

當然，借力不僅是要借助他人的力量，甚至可以借助他人的智慧。你可能會認為這樣做很功利，可是哪一段關係能完全摒棄功利呢？

生活中，我們經常聽到一些人抱怨朋友不講交情，不夠哥們兒。其實，引起抱怨的主要原因就是自己的某種需求沒有得到滿足，而這種需求何嘗不是功利性的呢？人們常常說的那種沒有功利性色彩的關係，幾乎是不存在的。因此，借助別人之力是一種智慧的表現，我們有必要消除心理成見。

總之，獨木不成林，單打獨鬥並不是明智的方法。那些事業有成的人，除了自身的智慧和能力外，跟他人的幫助也是分不開的。一個人再聰明，條件再優越，也不是三頭六臂，也需要借助他人的力量。由此可見，一個人要想成功，就應該懂得借勢，而且還要在生活實踐中靈活地運用借勢。

向上級請教，在工作中少走彎路

在任何一家企業，身為領導者，都青睞那些做事效率高的下屬，也反感那些做事出錯的員工。總有這樣一些人，他們認為要自己獨立完成工作，寧肯自己啃硬骨頭，也羞于向上級請教。一件很小的任務，他們常常花費別人幾倍的時間，而最終成果未必完美。也有一些人，他們為人謙虛，在接到工作任務時，只要有不懂的問題，就會以請教的姿態與主管溝通。在他工作的過程中，不僅獲得了主管的賞識，更重要的是，少走了很多彎路，工作起來比他人更有效率。

或許你也有這樣的經驗，當你拿著琢磨了很久的一個問題去請教主管時，他居然將問題的解決方法脫口而出。

古人云：「三人行必有我師。」任何一個人，都應該向主管學習，他可能存在某些不足，但他的成功，一定是他具備你還沒有的特質、工作經驗，這就是他能成為主管的原因。作為下屬的我們，要學會借用主管的智慧來做事。另外，與主管多溝通，也是防止工作目標偏離的一個重要方面，只顧埋頭工作，到頭來你的工作成果未必是主管想要的。

可見，如果你想成為一個高效率做事的人，想更快獲得工作成果，不妨放低姿態，多與主管交流。

洪保德（Alexander von Humboldt）是德國著名的探險家、自然科學家，是近代氣候學、自然地理學、植物地理學和地球物理學的創始人之一，他對生物學和地質學也有很深的造詣，在科學界享有極高的聲譽，被當時的人們尊為「現代科學之父」。儘管如此，洪保德卻是一個十分謙遜的人。他尊重別人，從不自滿，直到晚年還刻苦學習。

在柏林大學的一間教室裡，每當著名的博克教授講授希臘文學和考古學的時候，課堂裡總是擠滿了學生。在這些青年學生中間，人們常常會看到一位身材不高、穿著棕色長袍的老人。這位白髮蒼蒼的老人也像別的學生一樣，全神貫注地聽課，認真地做著筆記。晚上，在里特教授講授自然地理學的課堂裡，也經常出現這位老者的身影。

有一次，里特教授在講一個重要地理問題時，引用了洪保德的話作為權威性的依據。這時，大家都把敬佩的目光投向這位老人。只見他站起身來，向大家微微鞠了一躬，又伏身課桌，繼續寫他的筆記。原來，這位老人就是洪保德。

洪保德曾說過：「偉大只不過是謙遜的別名。」

事實上，無論做什麼事，我們都有更為便捷的方法，與那些比我們經驗豐富、文化層次高的人為伍，我們必定能獲得益處。

當然，現代社會，我們在選擇工作時，目的都不盡相同，有的是為了得到一份獲得物質的機會，有的是為了發揮自己的某些個人價值，也有的想以此作為跳板，以便未來有更好的發展，找到更好的工作或者開辦自己的事業。但如果你目前還是下屬，就必須認清一個形勢：如果你不想浪費時間，就要學會與人合作，借助他人之力提高做事效率；而你的上司工作出色、能力強，你可以充分地向上司學習，上司的今天可能也就是你目標中的明天。虛心向主管請教，收獲的不僅僅是知識，更是主管的賞識。

周大姐是公司裡資歷較老的員工，她對專業技能的掌握程度可謂無人能及。不過，正因為是老員工，在單位幹了幾十年，她的年齡也不小了，對待新事物的理解和接受難免有點力不從心。特別是電腦、網際網路的介入，周大姐越來越感覺到自己需要學習的地方太多了。

這方面，她最敬佩的就是她的頂頭上司劉主任，劉主任雖然和自己年齡相仿，但卻是個新潮人。有時候，對於電腦裡出現的單字，周大姐都要向劉主任問一問是什麼意思、怎麼發音，自己再鼓弄半天，她還像劉主任學習了如何運用軟體，將自己的工作檔案都存入電腦，管理起來也方便了，現在的周大姐做起事來確實比以前快了很多。

劉主任經常對周大姐說：「你不必太在意這些，有事我們會幫你解決的。」

周大姐卻總是這樣說：「不行啊，該我會的東西一定要弄明白，我雖然老了，但我還不想被淘汰。」

劉主任對周大姐的這種態度都很欽佩，還特意表揚了她的這種學習精神。的確，不懂就問，這不僅是一種良好的工作態度，更是幫助我們提高工作效率的一把利器。

Changing Know-How

向主管請教時，你應該多加留意的地方：

1 相信上級

向上級學習，不是因為他是上級，而是因為他優秀。上級之所以能成為上級，一定有他的過人之處。在一個單位中，上級往往是最大的風險承擔者，除了要應對外界的競爭，他們還要打理方方面面的關係。可以說，身為主管所面臨的壓力是普通員工所無法想像的，從這個角度上說，主管都是最優秀的。單憑這一點，就值得每個人去學習和效仿。而學習，就需要你主動與上級溝通，身處繁忙事務中的上級不可能做到關注每個下屬的工作情況；而同時，主動溝通，也體現了你積極上進的工作和學習態度。一般情況下，上級都樂於向你傳授經驗和教訓的。

2 多傾聽

在對方傾訴的時候，儘量不要打斷對方說話，大腦思維緊緊跟著他的訴說走，要用腦而不是用耳聽。

3 不要漠視主管對你的期望

如果你還沒有得到晉升，那要麼就是上司想繼續考察你，要麼就是你做得還不夠。盡一切可能把自己的本職工作做好，不要找任何原因推託、抱怨。

現在我們不妨來反省一下，為什麼你不是主管？為什麼你的上級總是能在單位時間內處理更多的事情？因為他比我們更優秀，因此，多向他請教吧！

〔19〕合理外包
把工作分發出去

如果別人可以做得比你好，那就應該交給他們去做。
——阿方索．傑克遜

我們都知道，專注與執著是成事的關鍵。而在職場，一些管理者，他們工作努力，卻不懂得如何做好時間管理。事實上，時間管理就是對人的管理，領導者應找到自己的工作重心，節約時間和成本，提高工作效率。

令我們失望的是，不少管理者在工作中總是謹小慎微、忙忙碌碌，他們以抄寫發佈的文書為重責，自尊自大，親自去做那些微小瑣碎的事情，干涉員工的工作，並不辭辛苦去做員工的工作，以此誇耀自己的才能，卻丟掉了那些重大的、長遠的事情。實際上，這些人就是不懂得管理之道的人，這樣的工作方式多半也是效率低下或者無效率的。

不會指揮人只能自己幹到死

成功不允許三心二意，只有把有限的時間聚焦到重要的目標上，才能保證事業上的成功。目標過於分散等於沒有目標，把有限的時間分散到眾多的目標上，就像把有限的資金在眾多的專案上撒胡椒麵，最終只能導致每一個項目都虎頭蛇尾、半途而廢。如果把寶貴的時間投資都用來建設爛尾樓和半截子工程，最終將使你的時間帳戶徹底破產，導致你一事無成。

任何一個管理者都要問自己一個問題：「我的主要任務是什麼？」曾經有人這樣回答這個問題：「我的工作是把最好的人才放在最好的位置上，將資金在最正確的地方上作最佳的分配。我想大概就是這樣：傳遞理念，分配資源，然後就可以撇開不管了。我的工作就是選出最棒的人，付給他們薪酬……」因此，公司管理層要學會授權，適當放權。一個優秀的管理者，如果能做到人盡其才，有效利用企業的人力資源，那麼，這不僅僅能提升企業的競爭力，還能提高員工的工作效率。

喬治．馬歇爾（George Catlett Marshall, Jr.）是美國陸軍五星上將，二戰中他擔任美國陸軍的總參謀長。他是個知人善任的人，他提拔的那些將官，沒有一個是無能懦弱之輩。這些官員在談到馬歇爾時常說：「他是最棒的教官，但他的脾氣太差了，如果國會要找他前去聽證，事情肯定弄得一團糟。」

但馬歇爾會說：「這次的任務是什麼？是軍團訓練嗎？如果他擅長官兵的培訓，就讓他去完成，我去做其他的事。」

這裡，我們發現，馬歇爾在授權上的精明之處在於將任務佈置得簡潔明瞭。所以，不要每一項決策都由管理者作出，完全可以授權的事不要自己去做，領導者要擔當的角色是支持者和監督者。身為管理者，要做到聚精會神、排除外界干擾，並且一次只瞄準一個目標。一項工作一旦啟動，就要堅持不懈地堅持，直到獲得令人滿意的成績。因為能否完成最後的工作，是決定一件事情最終成功還是失敗的關鍵。很多人之所以沒有成功，就是因為在完成工作後以為大功告成而轉移了視線，最終導致工作的半途而廢，也使寶貴的時間被白白浪費。

在從事管理工作中，無論對於自己還是被管理者，都應該明確工作方向及工作目標，一定要清楚工作的目的是什麼，工作重點有哪些，要做什麼，怎麼做，希望達到什麼樣的效果，這樣做之後是不是真的能得到想要的結果。俗話說「馬壯車好不如方向對」，方向錯誤，再怎麼努力都枉然。

高效率地安排下屬工作

身為管理者，高效工作的第一步就是學會授權。然而，在日常工作中，你是否發現，對於你安排的工作，要麼石沉大海，甚至拖好長時間也不能把交代的工作處理得很好；要麼下屬總是做不好，需要你不斷更正和指點。可以說，員工工作效率低的主要原因之一很大程度上是因為對他們的授權工作沒做好。

一個企業的興衰成敗因素固然很多，但追根到底無非「人」的因素。企業管理者在交代下屬工作時，不妨多用點時間，準備工作做充分，也是提高工作效率、提高企業的管理水準的重要方面。我們先來看看下面的管理故事：

楊弘是一家上市企業的主管，在他的下屬眼裡，他就是個「魔鬼」，因為他總是壓制員工，甚至希望員工們二十四小時為企業工作。但事實上，這些員工的工作效率並不高。

有一次，公司高階主管為楊弘所在的部門下達了一個任務，要求他們在五一勞動節前策劃出一個活動方案。對此，楊弘心想，這是一次在主管面前表現自己實力的大好機會。於是，他召集下屬們開會，讓大家在三天內交出策劃稿。大家都知道，他們又要幾個晝夜不眠不休了。

三天後，策劃稿交上來了，但品質實在讓楊弘不能接受。他百思不得其解，這麼強勢的管理下，怎麼工作效率還是如此低下呢？

楊弘的管理究竟是哪裡出錯？

很簡單，在下達工作命令時，他並沒有考慮到下屬自身的因素，而是強勢地讓下屬聽命於他，這種工作狀態下，員工們又怎麼會高效率地工作呢？實際上，被尊重、被理解、被關心是人的一種基本需要，無論做什麼工作，離開了對人的尊重、理解和關心，都不能取得好的效果。員工們只有感受到被尊重、被理解，才會對企業、對管理者充滿感激，也才會主動、積極地工作。

當然，授權最重要的就是將責任明確化，也就是將具體的工作任務安排到每個人身上。比如，某位員工負責生產，某位員工負責質檢等，員工責任不明確的現象，是資訊不暢通的根本原因，很多問題也就出現了。為此，作為企業管理者，如果想提高員工的工作效率，避免出現一些責任推諉、浪費工作時間的現象，那就應該從明確責任開始。

Changing Know-How

授權光是停留在口頭上不行，你還必須要做到以下幾點：

1 建立規範，細化責任

一個管理者佈置的任務，有時候，並不是由一個下屬去完成。此時，在佈置任務時，一定要責任明確，不能有重疊的部分。要做到這一點，管理者可以通過訂立嚴格的管理制度的方法，以規範員工的行為。這樣，每個崗位上的員工都能清楚自己的任務，該幹什麼，該怎樣幹，該向誰彙報工作等。建立合理的規範，員工就會在規定的範圍內行事。

2 不應干涉員工完成任務的方法

作為管理者，你的工作就是分配任務，然後關注員工完成的結果，而不是干涉員工完成任務的方法。真正的授權便是著眼於目標，並給下屬完全的自由。實際上，員工對於如何達到工作目標是有自己的想法的，讓他們自己作出選擇，才可以增進你與員工之間的信任和相互依賴。

3 允許下屬參與授權的決策

每一項權力在授予的時候，就應該與限制相伴而生，管理者對下屬下放權力時，應該把權力範圍限制在這一項任務上，而不是無限制的。那麼，下屬完成這項工作需要多大的權力呢？該如何衡量呢？最明智的舉措便是讓下屬參與到這項決策中來，讓員工自己給出意見。但你還必須注意：人們都是希望自己的權力越大越好，但實際上，這會降低授權的有效性，此時，管理者的把關就顯得更為重要了。

4 使其他人知道責任已經明確、授權已經進行

管理者對下屬下放權力，不應當是私密的，而應該讓其他人知道，因為

授權的目的是為了完成任務，要完成任務，就必須要涉及其他人。不通知其他人很可能會造成衝突，並且會降低下屬完成任務的可能性。

5 允許失敗

任何人的成長、成功都離不開挫折與失敗，作為你的下屬，也只有在失敗中，才能得到鍛煉的機會。因此，作為管理者，不要因為員工失敗就處罰他們。作為當事人，員工此時已經深感愧疚和難過了，你應該更多地強調積極的方面，鼓勵他們繼續努力。同時，幫助他們學會在失敗中進行學習，和他們一起尋找失敗的原因，探討解決的辦法。批評或懲罰有益的嘗試，便是扼殺創新，結果是員工不願再做新的嘗試。

〔20〕一次處理減少重複勞動

把模糊的事情簡單具體明確化了，是思考的重要一環。
——J. P. 摩根

許多的時間管理者都已經意識到生活中哪些瑣事浪費了時間，他們正在力求簡化這些瑣事，但他們沒有意識到的是，即便工作，也可以對其進行簡化，進而達到優化管理的效果。

你是否曾有這樣的經歷：如果你是一名主管，你交代下屬小王去執行某個任務，但他需要小李的配合，於是，當小王從你的辦公室離開後，你又把小李叫進來，同樣的事說了第二遍；這個週末晚上，你想邀請一些同事去參加你的生日派對，於是，你一個個地給同事打電話；你是一名秘書，你的老闆讓你在本週三邀請幾個客戶開一個會議，於是，你一個個地預約，到最後，大家的時間還是無法統一。

其實，你是否有更節約時間的方法呢？你可以把小王和小李同時叫進辦公室，交代同一件任務；邀請同事參加你的派對，你可以在上班前，

集合聽眾，同樣的事情一起說

當大家都到達辦公室的時候，花幾分鐘時間通知即可；預約客戶，可以和其他客戶的秘書建立一個網上聯絡方式，比如秘書群，這樣，幾步就完成了你需要完成的工作。

的確，善於管理時間的人總是能在最短的時間內做最有效的事，因為他們從不盲目做事，而是先進行規劃。那些偶爾做時間規劃或者從不規劃的人，他們往往沒有一個清晰的目標，他們甚至根本不知道自己要做什麼。他們通常對結果不滿意，認為它們根本不值得自己付出那樣的努力。

於是他們開始相信自己並不善於進行規劃，並最終放棄作出進一步努力。

規劃的本質是將未來帶到現在，這樣你就可以通過現在的行為對未來產生控制。也就是說，規劃是為了化繁為簡。

這正如人們常說的讀書「先要把書讀厚，再要把書讀薄」，其實，時間管理工作也像讀書，將繁瑣的事情簡單化，你也就能節省時間，提高效率。

對此，我們先來看看下面的故事。

有一個有獎徵答活動，題目是：「一次，三個人一起坐熱氣球旅行，這三個人都是關係人類命運的科學家。第一位是核子專家，他有能力防止全球性的核子戰爭，使地球免於遭受滅亡的絕境。第二位是環保專家，他可以拯救人類免於因環境污染而面臨死亡的厄運。第三位是糧食專家，他能在不毛之地種植糧食，使幾千萬人脫離饑荒而亡的命運。但旅行到一半旅程，卻發現熱氣球充氣不足。熱氣球即將墜毀，必須丟出一個人以減輕載重，使其餘的兩人得以存活，請問該丟下哪一位科學家？」

因為獎金數額龐大，徵答的回信如雪片飛來。每個人都竭盡所能地闡述他們認為必須丟下哪位科學家的見解。最後，結果揭曉，巨額獎金的得主是一個小男孩。他的答案是：將最重的那位丟出去。

我們在讚歎小男孩的答案時，也不難得出這樣一個結論：任何複雜的現象，其複雜的也只是表面，其實都有一般性的規律，都可以找到簡單的分析、處理方式。這就是化繁為簡的過程，這個過程需要找尋規律，把握關鍵。同樣，管理時間也需要化繁為簡，當然，簡單管理不是粗糙管理，而是找到規律，形成自然秩序。

因此，時間管理專業人士告訴每個苛求高效率做事的人們，要想節約時間，就要在時間的規劃中投入精力。如果你想讓眾人知曉同一件事，那麼，你可以集合聽眾，只說一遍。

有這樣一位銀行家，他能夠很好地控制自己的工作時間，有了新的投資專案，或工作變動，他都會開會通知大家。他也喜歡開家庭會議，無論是孩子的教育還是家裡的經費開支。因此，他的家人和下屬們都給他起了一個綽號「會議先生」。

事實上，他是個成功者，他每天只工作六個小時，他比其他業內同行有更多的時間跟家人一起乘遊艇出海。通過仔細規劃自己的時間，他開始越來越善於接手新的專案，並開始把自己的日常工作很好地與長期目標結合起來。

當他被記者採訪有何工作經驗時，他曾說：「一名優秀的時間規劃者，從來不在同樣的事情上浪費過多的精力。」

從這名銀行家的話中，我們也能得出一點——盲目做事只會浪費時間。集合聽眾，同樣的事情只說一遍，能讓我們節省很多精力。要做到這一點，還是要回歸到時間規劃的問題上。

大多數人都不大喜歡進行規劃。他們大多是在萬不得已的時候才去進行規劃：或許你感到最近的工作堆積如山，你不得不進行規劃；或者你有一段很長的假期，你無事可做，想好好規劃一番。這樣的規劃固然能幫你達到一定的目的，但在被迫且沒有形成習慣的情況下規劃時間，那你很可能並沒有使規劃發揮出真正價值。

總之，真正高效的、簡單的運作才是有意義的，也是符合時間管理原則的。因此，你需要把複雜的問題簡單化，在多類矛盾中駕馭主要矛盾，以提高效率。

統籌兼顧，事與事之間的協調力

我們之中的任何一個人，都在為實現高效率的工作而努力，而實現高效率的方法之一就是統籌兼顧，將事與事之間協調好。

所謂統籌兼顧，就是要求我們在工作中做到總攬全域、協調各方、統籌規劃、兼顧全面，充分調動一切積極因素，妥善處理各方面關係。不得不承認，越是善於管理時間、越是做事效率高的人，他們越是有「一心幾用」的本領，他們總是可以同時處理幾件事。

而很多人面臨的情況是，他們總是面臨著工作與家庭、要事與急事、人際關係等各個方面的衝突，甚至被這些衝突弄得焦頭爛額。而我們若想解決這些衝突，除了前面所提到的四象限法則之外，還必須學會統籌兼顧的根本方法，努力解決工作和生活中不夠平衡、不夠協調、不夠全面的問題。

我們先來看看下面一個管理故事：

李主任是一個小主管，一直以來都是做運營管理，但最近，公司有提拔他的意向，於是，公司希望他能同時兼顧店鋪員工銷售技能、產品知識，以及如何提高員工的士氣等方面的培訓。事實上，李主任也一直對培訓方面比較感興趣，但如何管好這兩個方面，李主任實在頭疼。後來，李主任不得不求助於自己從事培訓工作的朋友。

朋友對他說：「公司能夠重視培訓是很好的事情。一線員工是銷售業績的重要建設者，而培訓是先行兵。在培訓實施方面，首先要調整員工的心態和士氣，可以從企業文化宣導和團隊建設活動入手。與銷售管理者進行溝通，了解員工的實際需求後，針對所顯現出的問題進行有針對性的培訓解決方案，建立長期的銷售培訓機制。

而在培訓員工前，你先和基層員工開個研討會，讓他們反映工作中遇到些什麼問題，例如對產品功能特性有哪些不清楚的，客戶異議，與對手的產品對比有哪些優劣，怎樣實施獎勵提高士氣等。大家暢所欲言，你自己千萬不要閉門造車。你收集好資料後寫一份培訓大綱，讓主管批示後就開課。」

聽完朋友的指導，李主任豁然開朗。

現實的工作中，可能很多人和李主任一樣，需要做的並不僅僅是某個方面的工作。事實上，如果你是一名企業的管理者，那麼，你所涉及的工作明顯會更多，管理的組織越大，管理層級越多，越要懂得領導和管理的藝術。處於高層的領導者不僅應集中精力把握戰略性問題，還要做好用人問題和對工作進程的督查，除此之外，還要做好深入基層了解情況這一不定期的非經常性的工作。可見，一個主管只有做好各方面的工作，才能履行好自己的職責，抓好本職工作，給下屬樹立表率作用。

事實上，任何一個人，都要有統籌兼顧事情的本領，再以家庭主婦為例，她們不僅要做家務、教育孩子，還要照顧家裡人的生活起居。在同一時間內，她們通常要做幾件事，這就需要她們懂得合理安排。比如，早上可以在送完孩子的路上去買菜，在孩子睡著了的情況下洗衣做飯。

一個善於管理時間的人，不但知道要做哪些事，還知道在什麼時間做什麼事，如何將所有的事都做好，如在推進一項工作時，他們明白應該抓的是方向、是目標、是結果的考核。即幹什麼、要達到什麼樣的結果，而對於怎麼幹，具體有什麼實施步驟，以及與其他事件之間的衝突該如何解決，都要做到心中有數。我們再來看下面的一個故事：

王剛是某公司財務部主管，承擔著這家公司所有的收賬入帳問題，每天需要面對的是大大小小的數目，工作極為繁瑣。但即使如此，面對上級和下屬們的各種問題，他都能做到小心應付。

一次，他正被公司的帳目問題弄得焦頭爛額時，會計小劉敲門進來，對他說：「有些外債需要清償，對方催得很緊，你看怎麼辦？」

王剛調整了下心情，對小劉說：「我們應儘快增加收入。每個人都應負起還債的責任，債要儘快給人家清償。你覺得還有什麼辦法？」

聽到主管這麼說，小劉知道，考驗自己的時刻到了。

案例中，王剛對下屬說的話就是彈性語言。領導者這樣說話，不僅為自己思考決策爭取了時間，同時，也能為部下留下一次解決問題的餘地。實際上，有效地利用時間是一種人人都可以掌握的技巧。在效率高的人的字典裡，是不存在「沒時間」這個詞的。

如果你跟很多人一樣，也是因為「太忙」而沒時間完成自己的工作的話，那請你一定記住，在這個世界上還有很多人，他們比你更忙，結果卻完成了更多的工作。這些人並沒有比你擁有更多的時間，他們只是學會了如何統籌兼顧時間而已。

〔21〕

積沙成塔
畸零時間變成黃金時間

時間是我們最想要，卻最不擅長使用的東西。

——威廉．佩恩

隨著時代的進步，人們對時間的意識和控制也越來越強。著名的海軍上將納爾遜（Horatio Nelson）曾發表過一項令全世界懶漢瞠目結舌的聲明：「我的成就歸功於一點：我一生中從未浪費過一分鐘。」

英國生物學家達爾文（Charles Robert Darwin）亦說：「我從來不認為半小時是微不足道的一段時間。」

的確，一個人如果認識到時間的重要，看到自己水準不高，感到時間的緊迫，就會自覺地去利用零碎時間。古往今來，一切有成就的學問家都是善於管理時間的高手。

用「分」計算時間，零碎時間有大作用

東漢時，有名學者，名叫董遇，幼年時代就痛失雙親，但他仍然孜孜不倦地學習，只要有閒餘時間，他都會學習。他曾經說：「我是利用『三餘』來學習的。」「三餘」，即「冬者歲之餘，夜者日之餘，陰雨者晴之餘。」也就是說在冬閒、晚上、陰雨天不能外出勞作的時候，他都用來學習，這樣日積月累，終有所成。

時間是構成生命的材料，誰了解生命的重要，誰就能真正懂得時間的價值。我們最寶貴的不過是幾十年的生命，而生命是由一分一秒的時間所累積起來的。沒有善加利用每一分鐘，時間是永遠無法返回的。而「事情就怕加起來」這一古老的諺語也是說的這個道理。一切在事業上有成就的人，在他們的傳記裡，常常可以讀到這樣一些句子：「利用每一分鐘來讀書。」

對時間計算得越精細，事情就做得越完美。無論是學習還是做事，如果你能以分為單位，對那些看起來微不足道的零碎時間也能充分加以利用，你就能有所收穫。而且，從另一個角度來看，與零碎時間相比，大塊時間的腦力勞動其實更容易

導致疲勞的積累，使工作效率受到很大影響。零碎時間的學習能保持大腦的興奮狀態，效果極佳。

如果你致力於學習，那麼，利用零碎時間學習一些必須熟記的生詞、公式、規則等，有利於反復記憶，加深印象。利用零碎時間的技巧很多。比如，我們可以準備一個隨身攜帶的小本子，記上要背的單詞和知識點，有空就讀一遍；在起床、洗臉、刷牙、就餐等活動場所的牆上，釘上一個和視線等高的小夾子，夾上一張卡片，卡片上寫上當天要背的單詞、公式等；還可運用答錄機，把要背的知識內容錄下來，吃飯、洗腳的時候都可以聽。總之，利用零碎時間反復記憶，不僅會明顯提高我們的學習效率，還能培養分秒必爭的好習慣。

不得不說，現代社會中的人都有很大的壓力，除了工作還要學習、生活，由我們自己自由支配的大塊時間很少，因此，贏得時間就十分重要了。不少人往往認為那些零散的時間沒什麼用處，其實這些時間看似很少，但集腋能成裘，幾分或幾秒的時間，看起來微不足道，但匯合在一起就大有可為。

也許現在你已經發現自己每天有很多時間流失掉了，例如等車、排隊、走路、搭車等，可以用來背單字、打電話、回郵件等。每個人一天的時間都一樣，但是善於利用零碎時間的人，就能得到更多的益處。

Changing Know-How

想要把零碎時間充分利用起來，你需要做到以下幾點：

1 善於利用等待的時間

我們每天都會有一些時間是處在等待中的，比如等車、排隊等。等待很長時間讓人覺得很無聊，如果拿出平常準備的問題本，進行回憶和思考，那麼，經常這樣，你的記憶力就會提高。

2 善於利用走路或坐車的時間

不少人上班都是乘坐公車，這段時間內，你可以思考一些工作中遇到的問題，也可以聽一些英文單詞，關鍵是要有問題意識和善於思考的習慣。

3 善於利用睡覺前的時間

你可能也發現，當你躺上床之後，進入睡眠狀態還需要一段時間，此時，你可以將這一天的做事、學習情況在大腦中過一遍，起到回憶和思考的作用。

有人說，人的心理很微妙，一旦知道時間很充足，注意力就會下降，效率也隨之降低；一旦知道必須在單位時間內完成某事，就會自覺努力，從而效率大大提高。如果堅持每天讀十頁文章，哪怕堅持讀一頁，一年就是三百六十五頁，十年即三千六百五十頁呢！但是如果你每天落後別人半步，一年後就是一百八十三步，十年後即十萬八千步啊！

可以說，人的潛力是很大，善於利用零碎時間，通常不會影響心身健康，但卻可以有效地提高做事效率，何樂而不為呢？

學會最大限度利用空餘時間

管理時間是生命的本質，不能管理時間，便什麼也不能管理。

假如失去了財富，可以辛勤地再賺；假如失去了知識，可以再學，健康則可以靠保養和藥物來重得，但時間卻是一去不返。最稀有的資源，就是時間。我們每個人都必學會做時間的主人，要做到這一點，首先就要學會最大限度地利用空餘時間。其實，這如同小額投資足以致富的道理一樣，利用空餘時間也是提高做事效率的捷徑。

一八四九年，在一艘從義大利的熱那亞去英國的船上，當所有人的都在喝酒作樂、盡情享受海上航行的時候，恩格斯卻坐在夾板的角落裡，不停地在一個小本子上寫寫畫畫。原來，他是在研究航海學，他在本子上記錄的是太陽的位置、風向以及海潮漲落的情況。原來，他利用乘船時機正在研究航海學。

一日，一個青年從達爾文家門前走過，當他知道躺在門口曬太陽的那個生病的老人就是著名的達爾文時，他很詫異地問道：「達爾文先生，你這樣體弱多病，怎麼還可以做出那麼多的成就呢？」

達爾文回答說：「因為我從來不會認為三十分鐘是微不足道的一段時間。」

達爾文是個非常珍惜時間的人，曾經在給蘇珊·達爾文的信中，他這樣寫道：「一個竟會白白浪費一小時的人，就不懂得生命的價值。」

智者總是勸我們珍惜時間、努力充實自己，而我們常常稱沒時間。

有人算過這樣一筆賬：只要每天臨睡前擠出十五分鐘看書，一年就可以讀二十本書，這個數目是可觀的，遠遠超過了世界上人均年閱讀量。然而這並不難實現，關鍵在於我們怎樣利用空餘時間：

一、幾種工作同時進行。

也就是說，有些工作是可以同時進行的。例如在做飯、散步或上下班的路上，都可以適當地一心兩用。不少人在下廚房做飯時，仍能考慮工作問題，有的還準備好筆和紙，一邊幹活，一邊構思，對工作有什麼新的想法，馬上就記錄下來。

週末的早上，你是否經常這樣：你慵懶地從床上爬起來、坐到桌前，然後嘴裡嘟囔著今天該幹些什麼，事實上這已經是在浪費時間了。你完全可以在洗臉、刷牙、吃早餐時想這些事啊！

也許你一定會為自己辯解說：做事不是應該一心一意的嗎？對於讀書這類需要高度集中精神的活動，我們應該專心；但一邊等公共汽車一邊看報，似乎才合乎情理！至於在何種情況下一時兩用、一心兩用，必須由你自己來決定。在這個高速發展的社會，同一時間能同時做兩件事的人，將越來越受到歡迎。

二、充分利用等待的時間。

亨利．福特（Henry Ford）說：「據我觀察，大部分人都是在別人荒廢的時間裡嶄露頭角的。」

我們每天都有大把的時間是在等待中度過的，比如排隊、等車、等人等。有人粗略估計過，我們每天花在等待上的時間絕不會低於三十分鐘。其中在上班的路上就會有十多分鐘，而一個月，也就是三百多分鐘，也就是五個小時的時間。而一般人以為那只是短暫的而忽略掉，於是每天把不少的片段時間白白地浪費了。

等待是讓人難受的，尤其是當我們還趕時間的時候，周遭的一切似乎都變得緩慢起來。而假如你能充分利用這點時間，則不僅對你知識的增加、事業的成就有益，而且對良好性格和情緒維護都有莫大益處。

例如當我們坐輪船、火車進行長途旅行時，可以看看小說，閱讀書報，背誦外語單詞；當你排隊看病、等待理髮時也可抓緊學習。再或者，在去公司的路上，你一方面可以在這些時間裡構思一下工作的計畫和細節，回顧一下每日計畫表中應該做的事情，這樣一到公司就可以立刻投入到工作中，省去了預備的時間。而在下班的路上可以總結反思一天工作中有哪些該做的事情沒有做。你也可以利用上下班的時間，用耳機來學習英文。

很多人總是抱怨沒有時間學習，如果每天上下班時間能背上十個單詞，一個月下來也是一筆不小的財富，所以這些寶貴的時間一定不可以浪費。

三、反其道而行之。

不難理解，就是在別人做事時你不去做，等沒有人做的時候再去做，這樣就避開了某些活動的高峰期。比如別人做某事的時候我不去做，等沒有人去做的時候我再去做，這個方法確實非常好。比如午餐時間，樓下的餐廳裡擠滿了人，假如你能晚去上半個小時會發現那時候的人就非常少了。

在很多大城市，交通擁堵是常見現象，上班的時候，你可以試著提前一個小時到公司。

一家集團公司的老闆，每天上班都要比員工要早到一個小時，為什麼呢？他說：「我現在已經七十多歲了，我早到一個小時，就能輕易地找到一個離公司近一點的停車位了。同時還可利用早到的這一個小時來處理信件和郵件，在這一個小時的時間內，員工還沒有到，公司裡非常安靜，不容易被打擾，而且也是頭腦最清醒的時間，處理檔效率非常高。」

四、善用下班前的五分鐘

許多人快到下班的時候就心不在焉了。其實，下班前的五分鐘是「黃金時間」，用好了，可以起到「承前啟後」的作用。

Changing Know-How

如果你以前的下班前五分鐘總是無所事事，從現在起不妨這麼利用它：

1 整理備忘錄

備忘錄上記載了一天的工作摘要，包括當天會見的人士，新獲得的名片資料等等，內容多半繁雜無章，故應在一天工作結束前將它整理一下。這樣不但能掌握當天的工作進展，也便於日後翻閱。

2 **檢查工作表**

當天應進行的工作專案，已完成的做上記號，對未完成的專案也做到心中有數。

3 **擬訂次日的工作表**

把當天的工作表檢查完畢後，接著列出次日應進行的工作專案，擬訂工作表。此時可參照備忘錄，以防疏漏。

4 **整理辦公桌**

下班前將辦公桌整理得乾乾淨淨，才算真正結束一天的工作。

第5部

日常小貼士！讓你活得充實又從容

鼓足勇氣，追隨你的心靈，
問問自己：「我要的，是過生活，
還是過日子？」

〔22〕收藏你靈光一閃的好點子

只要想到能帶著記事本去咖啡館尋找寫作靈感就讓我感到欣喜。

——J K・羅琳

相信每個人都有在公共場合聽演講的經歷，但即便演講者多麼慷慨激昂地演講，可能事後我們依舊一臉茫然。例如聽完一場長達九十分鐘的演講之後，內心或許會感動地大聲說道：「哇！真是一場精彩的演講！」但是真正留在記憶裡的，很可能就剩下不到一至二成了。

這是因為人的記憶能力是有限的。因此，為了避免忘掉某些事物，人們會選擇記備忘錄。備忘錄的功用，可以說是為了自己方便。對於每天忙於工作和生活的人們，如果整天戰戰兢兢地去回想待辦事項，有哪些重要的事或尚未處理的事，這是錯誤的方法。

記錄並整理「每日備忘錄」

事實上，大部分的時間管理達人們都已經把「每日備忘錄」當成一種有用的工具，並逐漸養成了一種生活習慣。為了讓備忘錄真正起到作用，你也要養成一種習慣，把你能想到的、現有的想做或計畫立即做的，以及將來要提及的事情都記錄在上面。每日備忘錄只是一種幫助記憶的手段，幾乎每個人都會用這種方法提醒自己要做許多事情。

當然，要讓備忘錄起到有效的提醒功能，不能簡單地將事件記錄下來，而是要學會如何做備忘錄以及運用它。你可以把寫下來的備忘錄分階段放在紙袋或信封中按序排好，每天養成好習慣在固定時間和位置拿出來檢查一番，這樣就能讓所有事情井井有條。

巧妙運用「每日備忘錄」，還需要我們從以下幾點努力：

一、按時間分段分裝備忘錄。

你可以選擇一些大信封、卷宗、檔案夾、抽屜或者盒子來做每日備忘錄。可以按照日期，比如，從一號到十五號的放在一起，十五號到月底最後一天的放在一起，並按照日期將它們編碼。

二、養成在固定時間查看備忘錄的好習慣。

要想真正讓備忘錄對你的工作和生活起到積極的作用，最好養成習慣，每天早上去看看自己記了些什麼事情。

比如，如果你決定下週三去會見一個重要客戶，那麼，你不妨在備忘錄的日期上做個記號。要是這項活動被安排在早上，那麼可以在週二的地方做個記號提醒明日需要早起，然後再移到週三，以便再提醒一次。

又比如，你是一名律師，你在十五號上午有案子要開庭審理，必須攜帶一些非常重要的資料。那麼把這些檔放進「十五」號的資料夾裡，並在上面著名案件審理是幾號庭、對方律師的姓名等。

再比如，你每月都要繳八千元的房貸，那麼不妨用付款單或其他東西來提醒自己，早早做好準備按月按時繳納。

也許你偶爾會忘記開會或一時找不到資料，可是只要每天早上檢查每日備忘錄，你就不會忘掉它們。讀到這裡，相信你大概明白為什麼從前的你總是檔堆滿辦公桌，總是手忙腳亂了吧。把你每天使用的檔按照日期的編排放到相應的資料夾裡，你就可以在往後的工作中順利找到並審閱它們。

三、意想不到的備忘錄大用途：節省時間、理性消費、發散思維。

只要你每天早上花費一些時間打開當天的備忘錄，就能順利地找到你想要的文件。你會因為做事有計劃、按部就班而節省大量時間，做事效率也會因此提高很多。節省下來的時間，你就放到其他事情上，比如，和愛人約會、和家人共用天倫、運動健身等。

透過這個方法，你也能獲得進步和成長。只要你找到最近的活動，就能發現自己是否有停滯不前的或者努力的記錄，結果可能引導你走向新的目標和方向。

另外，因為每日備忘錄是一種對時間的管理，更能幫助我們有計劃的做事、生活，因此，它還能抑制衝動，讓你明智地作出判斷。比如說，這天，你上網看到一款十分搶眼的包包，但是你本月還得繳納購車貸款，按照你的財務計畫，你只能在二十號以後才會有多餘的資金，此時，你不妨把購買包包的計畫裝進信封，然後把信放在截止期限前一個星期的備忘錄裡。當時間到了的時候再看表格，也許這個時候你就不覺得它像上次那樣吸引你了。

備忘錄的另外一個作用就是激發我們的思維。也許就在昨天，有人詢問你關於某件事的看法，這個時候你不用憑空臆測，只要把當下所產生的想法表達出來就可以。隔天，把對這個問題的答案寫在每日備忘錄上。當後來你再翻看備忘錄時，不妨忘記那個答案，對這件事再重新進行評估和判斷。這樣做了之後，你會驚訝地發現，自己曾經做過多少倉促決定，從而再次深度分析總結這次事件，讓思維產生出新火花。

總之，面對紛雜的工作和生活，如果我們能善用備忘錄，那麼，一切將變得井井有條！

及時記錄你的靈感和點子

成功的人都是利用時間的高手，甚至他們的每一分鐘都得到了有效利用。時間管理的重要性也越來越被人們發現。無論是企業管理者還是普通職員，都開始學習如何管理時間這一門技能。

當然，每個人的工作方法不同，對時間的利用情況也不同。為了幫助我們更高效地工作和生活，人們會選擇一些輔助工具。對於銷售人員來說，他們可能認為會見客戶帶上名片最重要；珍惜時間的人應該帶上手錶；導遊可能會隨身帶著一張地圖；而財務工作者可能覺得計算器才能帶來安全感。

事實上，無論你從事的工作內容是什麼，都至少應該隨身攜帶紙和筆。這兩樣東西可以在任何情境下發揮作用，讓工作變得快捷又高效。

澳大利亞病理學專家貝弗里奇（William Ian Beardmore Beveridge）曾說：「新想法常常瞬息即逝，必須努力集中，注意牢記在心，方能捕獲。一個普遍使用的好方法是養成隨身攜帶紙筆的習慣，記下閃過腦際的獨到之見的念頭。」

俗諺亦有云：「好記性不如爛筆頭。」也就是說，我們的大腦對靈感、思維方法的記憶能力是有限的，此刻的你可能正為一個一閃而過的念頭而感到欣喜，但很有可能在下一秒它就不存在了。而它如果能被記錄下來，就能成為永恆。

Changing Know-How

在什麼情況下，你需要帶上紙筆，又該記錄什麼？

1 出門辦事時帶上紙筆

即使你是一張活地圖，你也有沒有到過的地方；即使你記憶力超強，你也不可能記下每一個電話號碼。出門辦事，帶上紙筆，能為你減少很多麻煩。

2 無論何時何地都能記錄靈感

不管你在哪裡，公車站、地鐵、快餐店還是廁所，你都可能會有一閃而過的靈感，這個時候有了紙和筆，就可以把這些靈感都記錄下來了。

3 和別人交談時帶上紙筆

與你交談的對方未必能全部理解你的意思，此時，對於語言難以盡情表達的東西，也許那麼在紙上隨手畫下一些示意圖會讓對方更容易理解你要表達的意思。

4 需要介紹卻沒有名片時

如果你平日裡不用名片，或者你的名片正好用光了的話，那麼，在自我介紹的時候，為了讓對方對你這個人有更清晰的了解，你可以寫一下有關你自己的資訊。

5 做有價值的會議記錄

無論你的開會是否是走過場，隨手帶上紙筆對你都有好處。如果主管在會議上傳達了重要的精神，那麼，記錄下來會說明你開展接下來的工作，這對主管也是一種尊重。如果這是一場可有可無的會議，那麼，你可以隨便塗鴉，進而打發時間。

6 記錄有用的談話重點

和你談話的對象如果是你的上司、老闆，或者是你的合作夥伴，記錄一些談話內容，都能讓他人感受到你的嚴謹、真誠，給人以誠信感。

7 便於記錄事情貼在周圍

忙碌的工作是不是經常讓你丟三落四？你有沒有在電腦顯示器或者辦公

桌上貼標籤的習慣？如果你有這個習慣，那麼，相信你的辦事能力一定差不了。

現代人講究的是方便、快捷，為此，在紙筆的選擇上，我們大可不必像古人那樣隨身攜帶筆墨紙硯那麼一大堆東西，甚至不用擔心筆記本太厚重、墨水會弄髒衣服，因為很多辦法可以讓你輕鬆攜帶紙和筆：

一、企業內部一般會派發一些小巧的商務記事本，體積都很小，非常適合隨身攜帶，而且脊背處還有供你插筆的小袋子。

二、在你的名片夾內就能放好幾張小便簽紙，還有空隙放下小巧的圓珠筆。

三、著名的瑞士軍刀有僅厚零點三釐米的卡片系列，裡面有筆，你也可以塞幾張疊好的紙在卡套裡。

四、如果你是一位女士，想必你的包包裡一定有化妝包吧？那麼也可以把便箋紙跟吸油面紙放在一起。

五、使用小線圈本，那些線圈可以把筆固定起來，避免紙筆分散。

總之，好的習慣會讓我們節省很多時間，隨身攜帶紙筆並養成習慣，定能讓工作和生活免去很多麻煩。

〔23〕先愛自己再愛他人 找回被討厭的勇氣

你必須學會說「不」，決不能讓別人來安排你的日程。

——沃倫．巴菲特

現代社會，無論是職場還是商業活動中，都強調合作的重要性，合作帶來共贏。他人願意與你合作是好事，證明你還有被社會或企業所需要的價值。但是，任何邀約或請求來者不拒的話你就沒法做自己想做的事情了，工作也就會無形中增加很多。他人有邀請你的權利，你也有拒絕合作的權利。因此，提高做事效率的一個關鍵點是學會拒絕。

巧妙說「不」，讓生活順暢一些

華人世界是個「理」字當先，更何況有時你還要講面子，實在難以拒絕他人。

但其實學會拒絕，是人們進行社會交往所必需的技能要求。

國際巨星蘇菲亞·羅蘭（Sophia Loren）在她的《生活與愛情》一書中，曾記下查理·卓別林與她最後一次見面時，贈送給她的一句忠告，「你必須學會說『不』。蘇菲亞，你不會說『不』，這是個嚴重的缺陷。我也很難說出口。但我一旦學會說『不』，生活就變得好過多了」。因此，我們要有拒絕他人的意識，更要有這項技能。

一些心直口快的人認為，既然是拒絕，有什麼難的，直接說「不」即可。其實不然，如果我們全憑自己的興致，不顧他人面子直接開口拒絕，那麼，對方可能會因為傷了尊嚴而與我們絕交，那麼，就得不償失了。

我們先來看看下面這位深諳拒絕藝術的女經理是如何巧妙地說出「不」字的。

銷售部的劉經理是個很善於與人溝通的人，在她的手下工作，很多員工都覺得幹勁十足。公司其他主管都羨慕劉經理的工作模式——上班只是喝喝茶，發發工作指令，員工們心甘情願地為其賣命，毫無怨言。其實，這都是因為劉經理很善於調動員工們的積極性。

一天，市場專員小王拿著一疊厚厚的資料，來到劉經理的辦公室，對她說：「劉總，這是這個月的市場調查報告，您有時間整理一下吧。」

劉經理最近手頭事情太多，而且，整理資料的工作本身就是下屬應該做的。於是，她巧妙地拒絕道：「小王啊，你可一直是我最得力的助手啊，你看我桌上的文件，哎呀，你難道要看著我累趴下嗎？算我求你了，幫個忙吧，回頭我請你吃飯。」

聽到劉經理這麼說，小王撲哧一聲笑了，不到幾個小時的時間，他便把整理好的資料送到了劉經理的辦公室。

案例中的經理劉經理拒絕下屬的方法就是撒嬌法，一句「哎呀，你難道要看著我累趴下嗎？算我求你了，幫個忙吧，回頭我請你吃飯。」讓下屬看到了主管的可愛，這樣一個可愛的主管，有哪個下屬還會再好意思進一步要求呢？

不得不承認的是，我們都是生活在一定的社會和集體中的，都會有求於人，因此，在時間充裕、能力足夠的情況下，我們還是應對他人伸出援助之手的。但不少時候，有些人提出的請求是過分的，或者是超出我們時間預算和能力之外的，那麼，我們就要懂得拒絕的必要性。生活中有一些人，他們毫無心眼，對別人總是有求必應，久而久之，別人就把他當成了可以隨便吩咐的「軟柿子」。

不知你是否曾經有這樣的體驗，你似乎總是不願意拒絕那些對我們示弱的人的請求，因為他們激發了你內心的同情和保護的欲望，這也是人們的普遍心理。而事後，你又發現，你似乎變得越來越忙了，而到最後，真正你想做的事卻並沒有最好，最後，你只能犧牲自己的休息時間。

當然，對於拒絕也不能一概而論，要具體問題做具體分析。一般情況下的拒絕應分為以下幾種情形：

一、直截了當地拒絕。這種拒絕方式一般是因為被求者是個乾淨俐落、不拖泥帶水的人，辦事風格上也是風風火火。

二、委婉地拒絕。這種情況下，被求者礙於面子，考慮到直接回絕朋友會傷及自己的面子和別人的自尊，於是，先繞個彎子，曲曲折折地拒絕，也可能採取其他方式逃避別人的要求，這是一種迂回的拒絕方式。

除了以上這種方法外，適當的時候，你還可以用充足的理由和誠懇的態度直接拒絕別人。在拒絕別人時，有充足的理由是必不可少的，只要你的理由真實，語言誠懇，對方一般都不會再對你的拒絕進行反駁。

Changing Know-How

你還可以採取以下方法補救你們的關係：

謝絕法：對不起，我真的不能接受，不過還是謝謝你。

婉拒法：我還沒有想好，請給我一點時間，讓我好好想想。

回避法：哦，這樣啊，對了，你的另一件事怎樣了……

幽默法：我很樂意幫你，但你看，我今天實在有事，只好當逃兵了。

無言法：如果你想拒絕某人，卻又不好意思，完全可以通過一些手勢、動作來暗示。比如擺手、搖頭、聳肩、皺眉，轉身等。

嚴詞拒絕法：這可不行，我已經想好了，你不用再費口舌了！

補償法：真對不起，這事我真無能為力，我實在愛莫能助了，不過，以後你有什麼事情可以找我，我會儘量辦到的！

借力法：你問問他，他可以作證，我從來幹不了這種事！

總之，你需要記住的是，要想學會真正管理時間，充分利用時間做事，就要學會拒絕，當然，真正最高境界的拒絕，就是讓對方了解你的難處，彼此之間的關係也不會因此而受損。

排除影響工作的干擾

在生活或工作中，我們都可能遇到這樣的事情：當我們正專注於某件事情時，突如其來的電話、不速之客的到訪、周圍鄰居的吵鬧，都會給我們帶來不同程度的干擾，從而影響我們正常的生活或工作。面對這樣的干擾，忍耐絕對不是良策，我們應該做的是尋找各種應付的策略，從根本上排除它們的干擾。只有這樣，我們才能靜下心來，擁有一個真正屬於自己的自由空間。

策略一：勇敢地說「不」。

有的人在拒絕別人的時候，往往找一些委婉不明確的詞語，結果把事情弄得更糟，有時不僅影響到自己的計畫，還會改變別人對他的印象。那麼，我們該在什麼情況下說「不」？說「不」的指導原則是什麼呢？

你要確立目標，劃定自己活動的範圍，制訂所做的事情是否值得你花費時間的某種標準。如果某項工作不在自己的活動範圍內，不值得花費時間去做它，就說「不」字，丟掉它不管。

策略二：用協商的方式應對別人的請求。

有時候，別人的請求，我們很難用「不」字來加以拒絕，特別是上司、配偶、孩子、長輩的要求。那麼，遇到這類情況時，要如何處理呢？對於這類情況，最好是不要直接拒絕，但是，要巧妙地運用各種方法，與他們協商。這樣，你在時間的安排上，才能夠擁有主動權。

譬如，上級主管要你交一份工作報告，而你並未將此事列入工作表中，因為還有更重要的事情要做。這時，你不妨先做一份簡單的工作報告交給上級主管，這樣他也不至於對你太苛刻要求。而且這件事對你來說，只要花少量的時間就可以完成。又如，配偶要求你陪她逛商場買衣服，你不妨建議她讓她的閨蜜陪她去，這樣配偶應該也不會有太多理由再埋怨你了。

鐘。

策略三：運用智慧，排除電話干擾。

生活中或工作中，接到一個突如其來的電話是常事，這至少也要浪費兩三分

Changing Know-How

你該如何找到準確的措辭，適時地結束通話？

1 **只要有可能，就告訴他人何時給你打電話更方便**

比如「為什麼不在兩三點之間再給我打呢？」「請過十分鐘再打來，我現在很忙」。

2 **將某一特殊活動或話題的電話委派給特定人員，他們將在今後負責處理此事。**

3 **注意閒談所浪費的時間**

在閒談失去控制前就結束（太多了，會浪費很多時間；若完全沒有，世界又變得乏味無比）。

4 **設置一個時間限制**

例如：「好的，現在就告訴我吧，但不要超過十分鐘，因為我馬上有個客人。」人們寧願事先被限定也不願中途被打斷。

5 **表明要終止談話了**

可以用「最後」、「在我掛掉之前」這類的話來向打電話的人表明你想快速結束談話的想法。

策略四：找對方法，避免孩子干擾。

孩子在幼兒期，他們需要關懷、照顧，這是很容易理解的。但是，整天不眠不休地照顧小孩，有時難免想擁有一段屬於自己的時間來放鬆一下自己。

安妮在女兒四歲的時候，幾乎無法給自己安排一個清靜的時間。每次安妮準備看書，不到兩分鐘，女兒便爬到腿上來撒嬌，以至於她不得不中斷看書。這樣，她一整天的時間，幾乎都耗費在女兒身上。剛開始安妮還想，等孩子明年上幼稚園，那時就可以擁有自己的時間了。後來，還沒等女兒上學，安妮就想出了辦法。

那就是每天十點到兩點半，安妮告訴女兒，這段時間她不能陪她玩。然後，安妮把自己關在房裡，上了鎖，調好鬧鐘，對女兒說，鬧鐘響了之後，才會出來。剛開始幾天，女兒都在門外大喊大哭，安妮還是無法專心看書；另一方面又暗自擔心，這樣是否會對孩子的成長不利。

但是，安妮還是狠下心堅持下來了。一個星期後，女兒開始習慣這種情況，每次這段時間到來時，便一個人安靜地在房間外玩耍。就這樣，安妮終於有了屬於自己的讀書時間。

策略五：靈活掌握待客之道。

不速之客的干擾主要有順道來訪的親友、停下來聊天的同事以及隨時要你付出全力的客戶等。怎樣對付這些人的干擾？懂得待客之道的人在得知來者是誰之後，就已經決定預備出多少時間。

老羅斯福（Theodore Roosevelt）就是這樣做的一個典範。當一個只求見上一面的客人來拜訪他時，老羅斯福總是在熱情地握手寒暄之後，便很遺憾地說他還有許多別的客人要見。這樣一來，他的客人就會很簡潔地道明來意，告辭而去。

Changing Know-How

來訪者沒有告辭之意時，你還可以利用下列幾種方法暗示你的客人：

1、提出事情的結論。

2、眼睛盯著掛鐘或手錶。

3、起身做出要離開的樣子。

4、表現出一點「趕」的樣子，暗示自己很忙，或把來訪者帶到門口。

5、請別人幫忙，暗示尚有會面的人正在等著自己。

6、在事前或時間快到時，先告訴對方自己還有事情要辦，時間有限。

策略六：適時預定會面時間。

羅傑是一家廣告公司的部門主管，平時工作時，總會有一些來訪者干擾，因而倍感厭煩。剛開始，他乾脆完全閉門不見客，連電話也不去接。結果，不但部屬意見無法上達，還引起眾多客戶的不滿。

羅傑閉門不見的「試驗」失敗之後，他一改過去的觀念，變成凡事都親自接見，有些本來下屬就可以完成的工作，也要親自到場。結果，一些無關緊要的事情處理完了，自己的工作卻遲遲未完成。

在參加時間管理的講座後，羅傑開始採用預定會面時間的方法。羅傑的會面時間是上午八點至八點半，下午兩點至兩點半。

採用這種做法後，羅傑不僅不用擔心來訪者的干擾，工作也更加順心了。徹底排除來自他人的干擾，一般來說是不可能的。但是，只要找到恰當的方法，適當地安排好自己的時間，和所接觸的人達成「共識」。那麼，你擁有的自由時間，也就多了起來。

〔24〕

管理時間是為了更快樂的事

無論發生什麼，最重要的事情，就是享受人生，開心快樂地生活。

——奧黛麗．赫本

現代社會，隨著科技的發展，網際網路已經盛行。網路的作用，我們已經深深體會到，比如，當全家要出外旅遊時，可以利用網路查路線、訂飯店；當你需要某種書籍時，也可以在網上購買。然而，網際網路在給人們的生活帶來方便的同時，也給人們帶來一定的負面影響。很多人都對網路產生了依賴性。

曾經有這樣一個研究：被調查的都是一些上班族，他們稱自己有百分之二十的時間都浪費在了飆網上。不得不說，偷走我們時間的元兇之一就是網路。誠然，偶爾飆網、玩玩網路遊戲無可厚非，但一旦形成網路依賴，就會影響工作效率。

戒除網路成癮症，別讓網路偷走你的時間

不知你是否有這樣的苦惱：你原本只是想發個郵件，但是當你一打開電腦，就發現流覽器上跳出來很多型男正妹圖片、八卦新聞、購物資訊等，網頁一個個地點開來看，不知不覺時間就這麼過去了，半個小時，一個小時，甚至更久。雖然事後懊悔不已，但卻經不住網路的誘惑。對此，該怎麼辦呢？我們先來看看時間管理達人菲奧娜是怎麼處理這個問題的。

菲奧娜是一名很優秀的媒體人，她每天都要接觸最新的新聞消息，按照她的說法就是，沒有網路，她就無法生存。但實際上，菲奧娜卻不是一個網路成癮患者。除了工作之外，她有大把的時間可以和男友逛街、看電影、吃美食。每個週末，她都有精彩的活動，她從不把美好的休息時間浪費在打線上遊戲、無休止地流覽網頁上。

三年前，菲奧娜從她的上司那裡學來一套管理時間的方法，其中就包括工作時間如何抵制網路誘惑的問題。她的經驗是，早上當你來到辦公室後，如果時間還

早，就不妨花十幾分鐘看看你關注的一個問題的更新。如果已經到上班時間，那就遮罩所有與工作無關的網站。上午十點左右，通常是她比較疲憊的時候，她會花半個小時看看最新的時尚資訊。在寫工作總結和報告的時候，她會自覺切斷網路，以免受到那些自動彈跳出來的對話方塊的打擾。

菲奧娜的方法很奏效，那些有工作積極性和熱情的同事也紛紛效仿她。

不得不說，網路依賴對我們的危害是明顯的。長時間上網，會導致我們工作效率低，無法按時完成工作；過度借用網路資源，造成我們獨立思考能力下降；另外，長時間凝視電腦螢幕會導致視力下降，進而近視；顯示器產生的電磁輻射也會直接侵害我們的身體；大腦由於處於長時間的緊張工作狀態，會變得麻木、混沌；頸椎、脊柱等部位會因彎曲、久坐不動而變形、疼痛。

無論從哪個方面考慮，我們都應該嚴格控制自己的上網時間。效率專家建議，將每天上網當成一個例行公事，你會發現明顯的效果：長達兩小時的上網時間會壓縮到短短的三十分鐘，同時還能保證你的上網品質並不會受到影響。

Changing Know-How

下面是打造你自己利用網路辦公的例行步驟：

1 固定上網時間

無論做什麼事，只要能在固定的時間做，就容易養成一種習慣。此外，固定的時間段能讓我們充分利用短暫時間汲取有益資訊，從中獲益。如果你是一名職場白領，那麼，最佳上網時間應該是早上。正如案例中的菲奧娜一樣，當你來到辦公室，可以在十幾分鐘內流覽當天的新聞，當然，一到上班時間，你就應該立即投入工作。

2 給你的上網活動劃分等級

你需要拿出一張紙，列出你上網要做的事，然後按照這些事的重要性對其進行排序。比如，查郵件和網上預約對你是最重要的，你就可以把這兩項排在一和二的位置，而其他一些不太重要的瀏覽就可以排在後面。做這樣一份清單的好處在於讓你清楚地知道哪些是上網必須要做的，哪些是可以推遲甚至可以不做的。

3 對號入座，限制網頁數量

建立好清單後，接下來，你要做的是把所有要流覽的網站按清單上的順序放到流覽器的書簽工具列中，從左到右，依次列出。這樣做，不僅能避免每一次都要輸入網頁位址，也能有效防止因網頁混亂對我們的干擾，大大節省了上網時間。

當然，最重要的不是方法，而是你的自制力。自制力不強的話，再好的方法也不可能讓你戒除網路依賴。當然，如果你對自己的自制力沒有信心的話，還可以採取一些「硬」性的方法。比如，如果你的工作不是非要利用電腦不可，那麼，工作時間，你完全可以將電腦放到其他同事那裡或者公司的公共場所，這是幫你戒除網路依賴的最簡單的方法。而如果你是一個網路依賴性很強的人，也可以給自己一段時間，循序漸進地努力。比如，剛開始，你可以限制自己一個月內一天不上網，再到一周，然後再到固定時間內才上網，一段時間下來，你會有驚人的發現，你的工作效率在成倍地提高。

如果你想保持這種高效率的工作方式，那麼，最好將它形成一種習慣。只有這樣，你才能真正健康地上網、快樂地工作！

用心感受現實生活的樂趣

我們的生活豐富多彩起來，可心靈卻日漸荒漠與孤獨；我們可以感受的東西越來越多，可感官卻越來越麻木；我們在追求在奮鬥，可腳下卻愈加虛空。

生活中原本時時刻刻充滿了快樂，這快樂來自於生活的細微末節，只有用心發現，生活處處都充滿是讓人為之而感到幸福的。

有這樣一個故事：

一個欲離婚的女子厭煩了現有的瑣碎生活，但她一直對其外祖母的快樂和諧生活充滿好奇。有一天她終於忍不住打開了外祖母的日記，原來裡面記錄著外公為她洗了多少衣服，吻過她多少次，洗過多少次腳……。她終於明白了為什麼外祖母一直都那麼快樂，原來生活中的瑣碎小事便是快樂的源泉。

真實的生活本就是由一件件的瑣碎之事連綴而成的，只有用心發現、細細的品味著生活的瑣碎，你會覺得生活不是像死水一般，而是富有生氣的。生活的快樂，生命的精彩，時時都在我們身邊，我們的人生總有許多值得深情相擁的瞬間。我們需要做的是，給自己一份寧靜，一份勇氣，細緻而果敢地尋覓，全身心地品味當下生活的每一個細節。當下，才是真實的人生；此時，才是生命的美好。我們不應過多地守望幸福，而應多多地親近我們身邊的快樂。一旦我們能夠虔誠地與當下握手，與心靈交談，我們還可以真切地知道我們需要的究竟是什麼，幸福怎樣才是實在可感知的而非飄渺的傳說。

在一次電視節目中，主持人問了在場所有觀眾一個問題：「大家覺得，在一個人的生命中，哪個年齡是最好的呢？」

台下觀眾大聲喊著自己認為最好的年齡，但七嘴八舌地總是達不成一致。於是，主持人請上來幾位觀眾作為代表，讓他們來回答這個問題。

一位七歲的小女孩說：「我認為人生最好的年齡是兩三個月的時候，這個時候走路會被爸爸媽媽抱著，喝牛奶時能被爺爺奶奶餵，就連上廁所都不用自己動手。

這個年齡什麼都不用做。所以我認為兩三個月才是人生最好的年齡，因為你能在這個年齡得到更多的愛與照顧。」

一位十來歲的小男孩說：「我認為是三歲。因為這個年齡不用去上學。可以自己跑著玩兒，可以向父母撒嬌，還可以要求他們為自己買許多好吃的。這個年齡是無憂無慮的，我覺得這是人生最好的年齡。」

一位上初中的少年回答：「十八歲，因為十八歲就是成年人了。一個人一旦到了十八歲，就可以自己做決定了。可以一個人開車外出，可以向心愛的女生表白，可以獨立的生活了。」

一個四十多歲的中年男人回答：「我認為是二十五歲。我記二十五歲是我人生精力和體力最充沛的時期。那個時候，我經常工作一夜，第二天照樣上班都沒有任何問題。隨著年齡的增長，身體也一天不如一天了，精力也越來越差。現在，我四十五歲了，經常吃了晚飯就開始打哈欠。所以，我真的特別懷念自己的二十五歲。我想其他人也一樣，都會感覺二十五歲是人生最好的年齡。」

一個五歲的小女孩回答：「我認為人生中最好的年齡是在三十歲。因為三十歲的人可以整天待在家裡不去工作。可以和一幫人打麻將，可以和一幫人去逛街，可以天天睡到中午才起床。」有人問這個小女孩的媽媽多大了，小女孩天真地回答：「我媽媽三十歲了。她現在就像我剛才說的那樣，多麼逍遙自在啊！」

一位女士回答：「四十五歲，因為這個時候大多數人的孩子都已經長大，自身的壓力都會變得小一些。這個時候可以好好替自己考慮一下了。所以，我認為這個年齡是最好的，雖然我知道很多人未必會贊同我的觀點。」

一位五十無歲的年人回答：「我認為四十歲是最好的年齡。因為這個年齡大多事業有成，老人身體健康，孩子聰明伶俐。自己也通過努力有了一定的社會地位，至少有了些積蓄。一家三代在一起，感覺非常的幸福。」

最後回答的是一位七十六歲的老人，她笑著說：「我覺得不同的人在不同的年齡段會有不同的回答。他們總是在羨慕某個年齡段，羨慕某個年齡段的生活。其實，你現在的年齡就是最好的。要學會享受現在。所謂的享受生活就是能享受現在。千萬不要光顧了羨慕別人，羨慕未來，羨慕過去，忽略了享受現在。因此，我認為任何一個年齡都是好好的。」

話音剛落，台下響起了一陣熱鬧的掌聲。

每個人都在幻想著最美的年齡，卻很少有人想到享受現在的年齡。其實生命就是這樣，在你羨慕和歎息著美好的事物時，卻忽略了自己身上悄然而至的美麗。因此，要懂得享受現在，用心品味，生活本來有滋有味。

面對社會巨大的壓力，有些「窮忙族」在職場上為了升遷加薪，在主管面前鞍前馬後、阿諛奉承、媚態百出，活得丟掉了尊嚴；有些人在生意場上，為了生意穩定發展，需要打點好各路官員、各個職能部門，這樣才能按章辦好各種手續，不製造障礙；有些人為了簽下一單業務，雖然自己不勝酒力，卻還違心地和客戶觥籌交錯，即使喝壞身體也無可奈何。

當我們的生活每天被這些無奈的事所充滿的時候，我們哪有時間和心思去在意我們生活？

〔25〕學會減法為自己的生命加分

那些只看過去或者現在的人們，會迷失在未來。

——約翰．甘迺迪

在這個充滿物欲的時代，人們總是更容易把更多的心思放在物質上。即使自己的收入明明都不夠支付自己的光鮮生活，但是卻始終要「打腫臉充胖子」。

這可以從我們的日常生活中不斷找到相關例證：與姑娘約會，明明可坐公車，卻鬼使神差般向「計程車」揚起了手，一下兩三天的工資沒有了；鄰居有了液晶彩電，自己不能落伍，問清多少吋，不買個更大的心裡總不舒服；聽說人家換了大冰箱，咬咬牙，啃上半年鹹菜，也置上它一臺；聽說鄰居買了一架鋼琴給孩子，再窮不能窮孩子，沒有錢借錢也要給孩子買一架。

愛面子的人把金錢物質作為衡量人生價值的唯一標準，其所造成的盲目攀比現象把每個人都捲入了瘋狂的創富運動中，導致生活本身反倒被當作配料而忽視了。

生活壓力讓人喘不過氣

二〇〇九年，一部《蝸居》電視劇為中國掀起了巨大的波浪。《蝸居》中海萍關於她的生活成本的計算是現實的真實寫照：

「每天一睜開眼，就有一連串數字蹦出：房貸六千，吃穿用兩千五，人情往來六百，交通費五百八，物業管理費三百四十，手機費兩百五十，還有煤氣水電費兩百……也就是說，從我蘇醒的第一個呼吸起，我每天要至少進賬四百，至少！這就是我活在這個城市的成本，這些數字逼得我一天都不敢懈怠。」不敢懈怠的海萍每天背負了巨大的壓力，不勞動就沒有收入，沒有收入如何生活養家？

因此，很多人在現實的壓力下成為窮忙族，每天一睜眼，就欠下了錢，必須要賺夠多少錢才能夠生活成本。但是窮忙族的生活，真的好過嗎？保衛錢袋的個中辛酸，這恐怕只有自己知道。

受拜金主義、消費主義等金錢至上的思想影響，越來越多的人開始預支明天的錢來滿足今天的欲望。但是人作為一種生物，有生老病死，這就註定了人不能只想現在，不得不為以後來著想。窮忙族的特徵也就出來了。

從窮忙群體日常消費的角度來看，生活的壓力正在不斷加大：柴米油鹽步步高升；小病拿錢，大病拿命；錢進股市遇見熊；孩子教育一擲千金；汽油柴油不見降；贍養父母不啃老；什麼都漲工資不漲。面對這樣的現實，本來生活在高節奏中的人們開始了更多窮忙的生活。

田先生在南方一家輪胎生產企業工作，前幾年他所在的企業與全國幾家知名汽車公司保持著很好的合作關係，訂單從年初已開工就排到了年底，經濟效益連年攀升，田先生的收入也水漲船高，與開始進入這家企業相比增長了百分之四十。

但是，後來受到全球金融危機的影響，田先生所在企業受到很大影響，汽車行業不景氣，唇亡齒寒，作為生產配套設施的輪胎企業日子自然也跟著變得不好過了。想按著每年的慣例，在年底得到加薪，也指望不上了，只要不減薪，不被炒魷魚，再忙再累也是難得的幸福了。

蘇小姐在一家家電生產企業上班，受經濟危機的影響，企業經濟效益一度下滑。各種辦公資源是能省則省，自己的收入也隨著銳減，加班成了免費的了，年底獎金也泡湯了，各種補助也大大縮水，就是這樣誰也不敢有任何怨言。眼看著試用期和合同已經到期的員工一個個都被迫離開了公司，危機感自然更加強烈了。

回過頭來再關注一下那些忙著找工作的大學生，隨著用人單位和招聘職位數量的大量縮水，本來就業形勢就很嚴峻的大學生找工作變得更加困難，投了好多份簡歷都石沉大海，應聘了好幾家公司都接不到上班的通知，這種備感失落的忙比那些忙於工作的在職窮人更讓人難以忍受。

越來越多的人一步一步地淪為「窮忙族」，與他們所面臨的職場危機有著直接的關係。最近由國內權威機構在各大城市對近萬名職場人士進行的一項職業壓力調查結果顯示，九成以上的職場人士都承受著一定程度的職業壓力，六成以上的職場人士感到職場壓力過大，其中IT、醫藥、金融、銷售等行業壓力最為突出，這使得人們不得不緊張忙碌地投入工作。

首先，想謀得一份不錯的飯碗都是很困難的事，一個外資企業的工作崗位會有幾百人應聘，就是為了這百分之幾的錄取率，應聘者隊伍像春運買火車票一樣，等上兩三個小時也要碰一碰運氣。那些費了九牛二虎之力擠進一家不錯單位的人，尤其進入外企的無法享受更有價值的人生。天天在繁忙中度日的現代人，可曾停下來想一想，我們應該怎樣做，才能讓失控的生活重新回到正軌？

不如收起你的虛榮心吧

其實，窮忙族的這些盲目攀比行為背後有說不出的苦楚。有些人表面看上去似乎很富有，實際上是在用不多的薪水裝點門面，積攢了大量的無用之物，卻不懂得如何去利用，也不懂得如何捨棄，結果等於給自己套上了枷鎖，給本來美好的生活抹上了灰色。

人家有的我也要有，人家能花的我也能花，不管有沒有必要總不能比人家矮一截。許多人收入不高，僅僅能解決溫飽問題，但在消費上卻喜歡跟別人較勁，忽視了自己的經濟實力，到了最後往往是拮据度日。

何晞在希臘大使館下屬公司工作，每月工資有三萬多，看起來不少，但是卻總攢不下錢。每月房租、吃飯、交通等生活費用加起來其實最多也就是兩萬，每個月省下一萬元照理說是很輕鬆的事，可是，何晞自己也不知為什麼總是攢不下錢。

為了攢下錢，每當月初的時候何晞都會將這個月的開支計畫好，結合上月的消費情況，發現這個月精打細算的話，存一萬多塊沒有問題，心裡自然美滋滋的。但是，第二天一上班，這樣的計畫全部打破了。

看見同事A花了一千元買了一款漂亮的新裙子，心動了。心想A的薪水還不到自己的一半，就捨得買一千元的裙子，自己有什麼不敢買的，於是，她迫不及待地想自己也有一條。問好了在哪家商場買的，下了班就急匆匆地奔向目的地了。

中午和同事一起在外吃午飯的時候，B向她炫耀說，週末男友帶自己去某家高檔餐館吃了一次美味的西餐和烤肉，描述得讓她直流口水。何晞開始心動了，每天忙得要死，週末是應該好好犒勞犒勞自己，於是付諸行動，去了那家餐館享受一番，一千元錢沒有了。

那天下午她的省錢計畫又進一步被摧毀，平時與她一起坐地鐵上下班的同事C今天開了一輛嶄新的車，熱情地讓她搭車一起回。坐車的感覺就是爽，於是，何晞開始想什麼時候自己也能有一輛車就好了，再也不用趕時間去擠捷運了。買不起車，又不想再讓自己受罪，只好坐計程車了，這樣一來，一個月三千元錢又出去了。

傍晚時分，吃過晚飯躺在床上，她開始思考自己的生活：周圍的同事都活得那麼滋潤，穿的、吃的、開的，都比自己強，為什麼自己偏要為難自己，為了存摺上的幾個數位，什麼都不敢花？再說這都是自己掙來的錢，又不是偷的、搶的，花得理所當然。於是，前幾天定的消費計畫在頭腦中蕩然無存，衝動消費的習慣開始抬頭，花了大把的錢為自己買漂亮的衣服、首飾、化妝品……一個月的工資就這樣被打發光了。

到下個月月初的時候，家人打過電話來說親人生病了，需要住院；在一次同學聚會上，得知大多同學都已買房結婚了，而自己還是身無分文的單身一人；房東開始過來催繳房租和物業管理費了，摸了摸空空的錢包一下慌了神；又有一天早晨，剛到單位聽說公司效益不好，準備裁員了，一下子緊張起來。

面對眼前的一切，何晞才開始捶胸頓足，開始追問自己：萬一丟了工作，自己以後怎麼生活？家人怎麼辦？為什麼不能留點錢以防不備之需？心理上的不安全感促使何晞全力投入緊張忙碌的工作中。

何晞的收入很高，但忙了半天卻沒有多少積蓄，只是因為陷入了高收入盲目攀比而盲目的花錢，再忙著掙錢的窮忙怪圈。

可見，盲目地攀比和自我虛榮心的滿足並非是件好事，許多窮忙族的困境也是始于此，繁華堆砌的物欲並不會讓我們得到真正的滿足，反而，自己的內心會越來越空虛，同時又會越來越沒安全感。

擺脫這種不良狀態的主要方法是擺正自己的消費心態，對自己的當前現狀，包括收入、支出狀況等有一個清晰的認識，一旦攀比的念頭又冒出來時，要理性地把它強按下去，幾次下來，攀比心理就會輕鬆地被克服掉。

〔26〕享受極簡生活
桌面、文件大瘦身

簡單，是最終極的品位。
——李奧納多・達・芬奇

美國總統歐巴馬（Barack Obama）接受雜誌《浮華世界》的採訪，被問到他作為總統有什麼訣竅時，回答道：「你看，我只穿藍色或灰色的西裝。」他進一步解釋，自己這麼做的原因是，不希望自己花太多時間在無意義的抉擇上，因為他必須決定的重要大事實在是太多。

你發現了嗎？你因為糾結小事而損失了不少精力與時間。儘管你正在糾結的小事是能讓你感到心情愉快的，但它卻佔用了你去做重要事情的大腦記憶體。換句話說，豐富的選項以及資訊內容，常常會讓你無所適從，反倒不如減少周遭不必要的干擾，突出選項或者資訊重點，減少大腦的負擔，讓它做更重要的事。

簡化報告文件，節省時間

工作中，每個主管都不希望下屬跳出自己的視線之外，他們希望全程掌握下屬的工作狀況，但日理萬機的他們，不可能做到事無巨細，這就是我們為什麼要寫工作報告的原因。

在大多數人看來，報告寫得越長，越能表明我們認真的工作態度，然而，事實正好相反，任何一名主管的時間都是有限的，他們更願意看到的是一份精簡的報告，這不但是提高工作效率的方法，更能看出我們對報告所傾注的精力。

因此，寫工作報告，切忌「施脂太赤，施粉太白」，要力求做到字字珠璣，最好能把報告凝縮在一頁之內。

寶潔公司是世界知名企業，前任總裁理查是個行動迅速、工作起來效率極高的人，他最看重的就是時間。在他出任寶潔總裁的這段時間內，他一直有一個習慣，那就是：從來不接受超過一頁的報告。

理查常常將下屬交給他的報告退回去，然後在這份報告的封面上加上一句：

「請把它精簡成我想要的東西。」原因是這份報告太冗長了，他毫不客氣地對這些下屬說：「我不理解複雜的，只理解簡單的，我工作的一部分就是教會你如何把複雜的東西簡單化，只有這樣，我們才能更順利地進行下一步工作。」

已經熟悉寫報告流程的你可能感到驚訝，把報告精簡在一頁之內？

這怎麼可能？不是需要十五頁左右嗎？

但事實就是如此，這也是寶潔公司管理層之所以高效工作的秘密所在。將報告濃縮成一頁至少有以下三大好處：一，節省了大量的、不必要的閱讀時間上的浪費；二，要點鮮明集中，容易避免產生誤解；三，只有少量的問題有待討論，審核的速度加快了，工作效率也提高了。

不錯，一份冗長的報告也許寫的時候不會太難，但是若要將它縮減成一頁紙，那麼難度就很大了。想要做到這一點的方法就是：告別那些煩瑣的重複性語言；要有清晰的結構與觀點。

Changing Know-How

將報告縮減成一頁紙時，你需要注意以下幾點：

1 要有重點，不可眉毛鬍子一把抓

寫報告的目的，有時是一件事，有時是幾件事一起作彙報，但無論彙報什麼，都應該把握重點，而不能眉毛鬍子一把抓，更不可重複囉唆。主管的時間是寶貴的，只有有重點、有條理地寫報告，才能為主管節約時間，還能體現自己幹練的工作風格。

2 條理要清晰

將你的報告內容，以一二三四點的條列方式呈現，能讓主管清晰地領悟報告的內容。

3 掌握主管傾向的意見

有時一件事只有一種解決辦法，有時有多種。因此，在寫報告前，你要考慮好主管更傾向於哪一種方法，對於這種方法你就要分析得清晰一點，然後再把其他建議也一併寫進報告中，供主管決策參考。

4 多提解決的方法

寫報告最重要的是提出解決問題的方案而不是簡單地提出問題。要記住，彙報問題的實質是求得主管對你的方案的批准，而不是問你的上司如何解決這個問題，否則事事上司拿主意，要下屬還有什麼意義呢。我們去找主管彙報工作時要預備多套方案，並將它的利弊了然於胸，必要時向領導闡述明白，並提出自己的主張，然後爭取主管批准你的主張，這是報告的最標準版本。假如你交給主管的是這樣的報告，相信你離獲得晉升已經不遙遠了。

可見，為了提高自己和主管的工作效率，在工作中應採取最簡單可行的方法以節約時間，「一頁報告」就是一種行之有效的良好方法。它既可以減輕普通員工的負擔，又可以促成管理結構的簡化，還可以使上下級之間達到高品質、快速的溝通。

別讓辦公桌耽誤你的工作

身處職場，相信每個人都羨慕那種做起事來從容不迫、有條不紊的人，他們總是能將工作和生活權衡得井井有條。我們暫且不探究他的工作方式，先來看看他的辦公桌：在他的辦公桌右上角，放著一部電話機，好像僕人一樣恭敬地守在那兒；幾支簽字筆也像小兵一樣排得整整齊齊。他的電腦上沒有東一張西一張的便利貼，更沒有那些亂七八糟的草稿紙，一切看起來舒服極了。

也許你會說，我的辦公桌也是如此。果真如此嗎？

事實上，我們不得不承認，在公司的辦公區域內，很多人的桌面都是雜亂無章的，他們的公事包隨意地丟在椅子上，檔到處都是，還有那些材料、過期的雜誌和報紙，喝剩下的咖啡和茶水等等。每當他們需要尋找一份文件或者文具時，他們需要把桌面上的東西翻個底朝天。試想一下，在這樣的工作環境中，工作效率怎麼能提高？太多的時間浪費在尋找東西上了。

總有人對那些高效率者的工作方法表示疑問，其實，他們只是工作得條理化而已。美國著名的管理學家藍斯登說：「我欣賞徹底的和有條理的工作方式。那些成功人士，當你向他詢問某件事情時，他立刻會從檔箱中找出。當交給他一份備忘錄或計畫方案時，他會插入適當的卷宗內，或放入某一檔案櫃中。」

也有一些人會對這種方法表示不認同，在他們看來，這是放鬆的工作環境，讓人覺得隨意，能催生靈感。但是，當你把頭部埋進一片廢紙堆的時候，你的心情會輕鬆嗎？

想必那些堆砌的資料只會讓你急得滿頭大汗。更糟糕的是，淩亂的東西會隨時分散你的注意力：一個小紀念品、一張畫片都有可能突然出現在你的視線裡，從而擾亂你的工作進程。

另外，辦公環境的整潔與否，反映著你工作是否有條理性。辦公桌上雜亂無章，會讓你覺得自己有堆積如山的工作要做，可又毫無頭緒，從而讓人喪失信心、加大壓力，降低了辦公室生活的品質，影響工作效率。

請看下面這個例子：

利亞姆三十二歲，年紀輕輕的他已經是一家公司的總裁，他的家人為他的成就感到自豪，周圍的人也總是對他投來羨慕的目光。但利亞姆的壓力實在太大了，他每天都把大部分時間放到了工作中，他除了睡覺外，幾乎都待在辦公室，他感覺到自己總有做不完的事。終於有一天，他感覺自己的精神快要崩潰了，於是他去看心理醫生。

踏進老友克拉克給自己介紹的詹姆斯診所時，他的臉上寫滿了緊張和恐懼，他不知道如何是好。在醫生的疏導下，他說出了自己的痛苦。他對醫生說：「我的辦公室裡有三張大書桌，上面堆滿了東西，我每天都把全部的精力投入到工作中，可工作似乎永遠都做不完。我覺得壓力好大，好辛苦。」

在聽完他敘述後，詹姆斯醫生建議他清理辦公桌，只留一張書桌，當天的事當天必須處理完畢。他聽從了醫生的提議，從此，他覺得工作輕鬆、簡單多了，工作效率也提高了。

看完利亞姆的故事，現在我們應該都能明白保持辦公桌面整潔的重要性了吧！千萬不要以為這只是個美學問題，整齊的辦公環境並不表示你是個完美主義者，而是條理化工作的需要。

其實，整理辦公桌的過程，也是你整理思路的過程。不管你有多麼忙，也要把辦公桌收拾得整潔、有序。在每天下班之前，把明天必用的、稍後再用的或不再用的檔都按順序放置好。保持這個習慣，你的工作也將變得有條不紊，簡單而快樂。

那麼，接下來，讓我們一起為你的辦公桌做個瘦身運動吧。如果條件允許，你可以選擇一個L形的辦公桌，因為它有較大的工作空間，電腦也不會礙手礙腳。要用電腦時，轉個45°角就行了。

如果你經常把電腦主機也放到桌面上，那麼，有五成的辦公區域都已經被浪費了，它會使你的工作面積變得很狹小，不妨嘗試將主機放到地上，在你的腳踢不到的地方。

主機這個笨重的傢伙離開了你的桌面，還會覺得工作空間不夠？接著清理吧！掃視一下你的辦公桌，那些東西真的是你所需要的嗎？是不是有太多小文具，諸如鉛筆、圓珠筆、公文夾、檔案夾、釘書機之類的東西，你的辦公桌肯定有抽屜，將它們都掃進去吧！如果是公用的櫃子，不妨在你的櫃子上貼上自己的名字，這樣就不會混亂。

再去看看你的檔架，將它們按照日期和月份都分開放，待辦檔和已辦檔也分類放置！

到了該喝水的時候了，不要否認，你肯定做過這樣的事，原本你想去拿手邊的一個東西，但卻不小心打翻了咖啡，滿桌子都是咖啡漬，甚至還灑到衣服上，你又氣又惱，但有什麼辦法呢？這是你自己犯的錯誤！要不換一下咖啡杯吧？你可以選擇一個帶杯蓋的，這樣，不但能保證咖啡的溫度，還能避免咖啡灑漏。另外，如果你的確是個笨手笨腳的人，那就買一個重量級、寬底小口、像金字塔般穩當當的杯子，它會老老實實地待在桌面上的。

是不是覺得有點不方便呢？再簡單的辦公桌還是要把那些必備文具用品擺到手邊的。

現在看來，一切完美了，即使辦公室突然停電，你也會找到你想要的東西。最後，為了讓你的心情更好，你可以將你的愛人或者孩子的照片放到你可以看得見的地方，簡化辦公環境並不意味著我們不能保持自己的個性！

國家圖書館出版品預行編目資料

掙脫瞎忙的鳥日子／何筱韻 著. -- 初版. -- 新北市 : 啟思出版, 采舍國際有限公司發行, 2018.10

面； 公分

ISBN 978-986-271-840-7（平裝）

1.成功法 2.生活指導

177.2 107015566

“掙脫瞎忙的鳥日子”

Taking time
to reflect on your
life journey

啟思
Cheese Group

掙脫瞎忙的鳥日子

本書採減碳印製流程並使用優質中性紙（Acid & Alkali Free）通過綠色印刷認證，最符環保要求。

出 版 者 ◤ 啟思出版
作　　者 ◤ 何筱韻
品質總監 ◤ 王寶玲
總 編 輯 ◤ 歐綾纖
文字編輯 ◤ 范心瑜
美術設計 ◤ 蔡瑪麗
內文排版 ◤ 新鑫電腦排版工作室

郵撥帳號 ◤50017206采舍國際有限公司（郵撥購買，請另付一成郵資）
台灣出版中心 ◤ 新北市中和區中山路2段366巷10號10樓
電　　話 ◤ (02) 2248-7896　　傳　　真 ◤ (02) 2248-7758
I S B N ◤978-986-271-840-7
出版日期 ◤ 2018年10月

全球華文市場總代理 ◤ 采舍國際
地　　址 ◤ 新北市中和區中山路2段366巷10號3樓
電　　話 ◤ (02) 8245-8786　　傳　　真 ◤ (02) 8245-8718

全系列書系特約展示
新絲路網路書店
地　　址 ◤ 新北市中和區中山路2段366巷10號10樓
電　　話 ◤ (02) 8245-9896
網　　址 ◤www.silkbook.com

線上 pbook&ebook 總代理 ◤ 全球華文聯合出版平台
地　　址 ◤ 新北市中和區中山路2段366巷10號10樓
主題討論區 ◤www.silkbook.com/bookclub　● 新絲路讀書會
紙本書平台 ◤www.book4u.com.tw　● 華文網網路書店
電子書下載 ◤www.book4u.com.tw　● 電子書中心 (Acrobat Reader)